国家出版基金项目
NATIONAL PUBLICATION FOUNDATION

社会主义核心价值体系建设

"双百"出版工程

项 目

/100位
新中国成立以来感动中国人物/

马永顺

曹 锋 吴宝三／著

吉林文史出版社

前　言

　　每个人的心中都多少有一点英雄情结，都向往英雄、景仰英雄。也正因此，在中华人民共和国建国六十周年之际，由中央十一部委联合组织开展的"100位为新中国成立作出突出贡献的英雄模范人物和100位新中国成立以来感动中国人物"的评选活动中，群众参与投票总数近一亿。这其中的每一张选票，都表达了人们对英雄模范的崇敬之情，寄托着对伟大祖国的美好祝福。

　　一个民族不能没有英雄，否则这个民族就不会强大。当国家危难之时，懦弱者选择了逃避、妥协甚至投降，英雄们却挺身而出，用热血捍卫民族的尊严，人民的幸福。在创立和建设新中国的伟大历程中，涌现出无数可歌可泣的英雄模范人物。他们之中，有为了民族独立和人民解放而英勇牺牲的革命先烈，有为了党和人民的事业而不懈奋斗的优秀共产党员，有在全民族抗战中顽强奋战、为国捐躯的爱国将士，有英勇杀敌的战斗英雄和革命群众，有积极从事进步活动的著名民主爱国人士和国际友人……他们是民族的脊梁、祖国的骄傲，是激励全体人民团结奋斗的精神力量。

　　《100位新中国成立以来感动中国人物》丛书，就像一部星光璀璨的英雄谱，真实、完整地记录了英雄模范人物不平凡的一生，再现了他们非凡的人格魅力和精神世界。舍身堵枪眼的黄继光，拼命也要拿下大油田的王进喜，中国原子弹之父邓稼先，新时期领导干部的楷模孔繁森……一串串闪光的名字，一个个动人的故事，犹如群星闪烁，光耀中华。

　　当今中国正处于伟大变革的时代，迫切需要涌现出一大批勇于承担历史使命、为祖国和人民奉献一切的先进人物。在"双百"人物崇高精神的引领下，在建设社会主义现代化国家的征程中，必将英雄辈出。

生平简介

马永顺（1914-2000），男，汉族，天津市宝坻县沟头庄人，中共党员。

马永顺出生于一个穷苦人家里。他家房无一间，地无一垄。父亲常年给地主扛活，一家人还是吃不饱，穿不暖。被生活所迫，马永顺3岁时便跟妈妈去讨饭，8岁给地主放猪，12岁又去给一个小业主挑水打杂。可是这样干了十来年，不要说养家糊口，就连身上穿的衣服也是破破烂烂，甚至常常填不饱肚子。

1933年，也就是马永顺18岁那年，他听说东北林区生活好混，便和同庄的青年闯关东，到吉林省汪清县修林区铁路。当时日本侵略者统治东北，残酷欺压工人，到祖国解放时，同来的17名青年，全被折磨死，只剩下马永顺一人。

1948年，马永顺到新组建的铁力林务局当伐木工人，为了支援国家建设，他用了不足两个月的时间便采伐木材1200多立方米，一个人完成六个人的工作量，创出全国手工伐木的最高纪录。1949年3月，他荣获"黑龙江省林业特等劳动模范"称号。

马永顺针对当时生产效率低、事故多等问题，搞技术革新，1950年秋创造了"安全阀木法"，1951年初创造了"四季锉锯法"。1954年3月，他荣获"东北森林工业系统一等劳动模范"的称号。

1956年4月，马永顺出席了全国先进生产者代表大会，受到了毛泽东主席的接见。1959年9月，他出席了在北京召开的全国群英会，受到了周恩来总理的接见。

马永顺1955年被中国人民政治协商会议邀请为第二届特邀委员。1959年、1964年，他当选为第二届、第三届全国人民代表大会代表。1973年、1977年，他当选为中国共产党第十次、第十一次代表大会代表。

马永顺牢记周总理"要多造林，实现青山常在"的教导，提出自己砍伐过多少大树，就栽上多少树苗，一定还上这笔"欠账"。他1982年退休后，年年上山造林"还账"。1991年，他带领全家四个儿子、两个女儿以及孙子、孙女上山造林，还完全部"欠账"36000棵。他又提出"生命不息，造林不止"，继续植树造林。

马永顺1998年6月，荣获联合国环保奖，出席了在俄罗斯首都莫斯科召开的全球环保500佳颁奖大会。1999年5月1日，他荣获全国"五一"劳动奖章。1999年7月，他荣获"全国十大绿色标兵"和"全国老有所为奉献奖"。2000年马永顺逝世后，被国家人事部、国家林业局、全国绿化委员会追授为林业英雄。2009年，他光荣当选为新中国成立以来感动中国人物。

马永顺还受到第三代党和国家领导人的高度称赞。江泽民总书记称他"很了不起"，李鹏、朱镕基、李瑞环等领导人分别接见了他，号召全国人民向他学习。

1914-2000
[MAYONGSHUN]

◄马永顺

目 录 MULU

马永顺精神代代相传（代序）

　　马永顺是新中国第一代伐木工人。半个多世纪以来，他从伐木模范变成育林英雄，体现出科学发展的精神。他当伐木工人时，创造了"安全伐木法"和"四季锉锯法"，成为全国手工伐木的活教科书，为国家经济建设做出了不可磨灭的历史性贡献。退休后，他从林业森林资源被无节制采伐的现实中预见到可能到来的危困局面，决心以实际行动扭转对森林重采轻育的做法，毅然带领家人上山植树造林，偿还历史"欠账"，受到党和国家领导人的高度赞扬，荣获联合国颁发的环保奖。

　　党中央称赞马永顺"很了不起"，在于他有强烈的"欠账"、"还账"意识。小兴安岭林区"欠账"是事实，由于长期过量采伐，这里植被破坏，水土流失，气温失调，生态失衡。但这个账不是马永顺个人欠的。作为一名在具体作业岗位上劳动的工人，他一直相当出色地完成自己的工作任务。人们不能责怪他的劳动影响了生态平衡，国家也没有要求他付出双倍的劳动。但是，马永顺却认为，砍树是贡献，也是"欠账"，这个账是由他欠的，也要由他来偿还。因此，他退休后坚持年年率全家人上山植树造林，终于把自己过去砍伐的树全部补栽上了。马永顺的觉悟是双重的，既满足国家建设对木材的需要，又满足人类对生存环境的要求，特别是子孙后代对生态环境的要求，这正是马永顺的可贵之处。

　　建立完善的生态经济体系，既连着千家万户，也和广大人民群众息息相关。它不仅关系到当前经济大发展，全面建小康，也关系到为子孙后代造福的千秋大业。马永顺是在绿化祖国、建设秀美山川的伟业中涌现出来的诸多英雄模范人物中的杰出代表，他献身林区半个多世纪的奋斗历程，可以说是新中国林业发展的历史缩影，他晚年植树造林的壮举，集中体现了中华民族为改善生态环境、建设绿色家园作出的艰苦努力。

马永顺既是物质财富的创造者，又是精神财富的创造者。马永顺的事迹广为流传，鼓舞了一代又一代人。他不仅给我们留下了一片片茂密的森林，更重要的是留下了宝贵的马永顺精神。这就是以国家需要和民族大业为己任的祖国至上精神，刻苦钻研、努力实践、积极进取的创新精神，生命不息、植树不止、世代相传的新愚公精神，不计报酬、不为名利、埋头苦干的无私奉献精神，全心全意、尽忠竭智投身祖国林区建设的爱岗敬业精神。

马永顺精神，既有中华民族传统美德的内涵，又有鲜明的时代特征，既是中国工人阶级优秀品质的体现，更是共产党人崇高理想的展示。马永顺精神冲出了地域和行业的界限，所释放的精神能量正在转化为巨大的力量。无论是工人还是农民，无论是干部还是学生，都能从马永顺精神中获取丰富的营养。

马永顺是民族的脊梁，工人阶级的楷模，是一面永不褪色的红旗。高举林业英雄马永顺这面旗帜，对于保护生态环境、保护我们的地球家园，具有十分重要的意义。

学习马永顺，不是说人人都要上山造林，而是说我们要增强保护生态环境的紧迫感、责任感和使命感，要像马永顺那样，贡献自己的全部光和热，让祖国大地绿色永驻！

苦难岁月

→ 风雪漫天闯关东

★★★★★

1933 年冬天，无情的风雪不断袭击着天津市宝坻县沟头庄。在饥寒中挣扎的庄里人，忽然听到从外地传来一条消息："东北林区生活好混，到那里干活，吃得饱，住得好，挣钱多。"一些早就想闯关东的人活心了。

一天中午，一个小脑袋、刀条脸、身穿羊皮袄的中年人进了庄，他是吉林省汪清县的招工把头，名叫沙福祥。

"我们那里正在修林区铁路，急需身强力壮的人。谁要跟我去干活，保证有好饭吃，有暖和的工舍住，每月发一次工资。"沙福祥见了庄里的人，便自吹自擂起来。

人群中走出一名青年，大声问道："你说的是实话吗？"这青年叫马永顺，高高的身材，红通通的脸膛，两道浓眉下闪着一双利剑似的目光。

沙福祥两只小眼挤了挤，一拍胸脯说："当然是真话！凡是愿意去的，我预支一份工钱。"

马永顺手一挥说："那好，我报名！"

庄里的青年们见马永顺带了头，不一会儿，又有 17 个人报了名。沙福祥给每人发了 10 块大洋。

他们就这样离开了故乡的土地，踏上了奔向

关东的人生之路。

十八九岁的马永顺和 17 个同乡跟着把头沙福祥来到宝坻铁路车站，被安排上了一节拉货的铁路闷罐车。车上民工很多，大多是二三十岁的青壮年。

沙福祥假惺惺地说："如今兵荒马乱，为了保证大伙儿安全，路上谁也不许下车。"说完，便给闷罐车上了锁。

车里放着一桶高粱米饭、一桶水和半罐虾酱，还有一个供大伙大小便的马桶。里面没有灯，黑洞洞的，大伙像掉进了万丈深渊，想逃也逃不了。火车走走停停，也不知走了几天几夜，终于在长白山下的一个叫汪清县的小站停了下来。

车门打开，西北风卷着鹅毛大雪迎面扑来，民工们一下车，就被风雪刮得睁不开眼睛。他们穿得都很单薄，一个个冻得直发抖。沙福祥组织招来的民工，向白茫茫的密林深处走去。

当时，正是日本侵略者统治东北时期。日本人把溥仪扶上台，当上了傀儡皇帝，还成立了伪满洲国。他们为了掠夺中国的森林资源，从各地骗来许多劳工，在荒无人烟的大森林里修铁路，砍伐木材。

大家来到一个新开辟的铁路的路基旁，看见有一座白色的房子，从房子里走出两名日本监工和几名挎枪的山林警察。他们虎视眈眈地望着走到跟前的一群民工。

马永顺看了一眼，这是日本鬼子和汉奸住的地方，便问沙福祥："我们工人住在什么地方？"

沙福祥往山坡下一指："在那儿。"

从远处看，那里只是有几个大土堆，没有房子。走到近前才看清楚，地上挖一个长方形的坑，坑的四周用木杆支个架子，架子顶上铺上草，然后又铺上一层土。没有窗户，只在顶上开了个洞，伸出几节炉筒子。工人们就住在里面。

马永顺他们走进来，里边黑洞洞的，一股湿腥气直冲鼻子。好一会儿才看到，两边是用木杆搭的铺，铺上堆放着一些柴草，工人们就睡在上面。地面中间安放着一个大铁桶当火炉，里边的木桦子在燃烧着。

马永顺到火炉旁烤了烤手，问铺上的一名工人："这叫什么房子啊？"

那名工人回答："这不叫房子，叫地窨子。"

"住在这里冷不冷？"马永顺又问。

那名工人又答："地窨子四面透风，炉子烧红了也不管事。遇到冷天，碗里喝剩的水，第二天早晨起来，全冻成了冰。"

马永顺气愤地说："把头沙福祥招工时说，住的是工舍，屋里可暖和啦。这不是把咱们骗了吗？"

中午，外边响起"当当当"的敲道轨声，是在招呼大伙儿吃饭了。马永顺同工友们走到食堂。食堂也是地窨子，只是面积稍大了些。

炊事员端上来的是又黑又红的窝窝头，马永顺拿起一个问道："这是什么面做的？"

"是橡子面做的。"炊事员回答。

马永顺拿起咬一口，又苦又辣，里边还有沙子，实在难吃。于是问："不吃别的饭吗？"

"吃，有时把发了霉的红高粱和囫囵个的苞米粒子煮熟了吃。"炊事员叹口气说。

马永顺吃着橡子面窝窝头，很难咽下去，端起炊事员送来的汤喝了一口，原来只是在水里放了一点盐，里边连个菜叶儿都没有。他向炊事员要菜。炊事员头一摇说："我在这里做饭快两年了，还没看见青菜叶啥个样。十天半月吃上一顿盐水泡黄豆，那就是'改善'生活了。"

马永顺气得吃不下去了，说："又叫沙福祥给咱们骗了，他说吃的是高粱米饭，有时还吃白面馒头。"

一名同来的工友说："沙福祥还说，在林区干活挣钱多，八成也是骗人的。"

这时，走过来一名老工人说："什么挣钱多！全是骗人！大小把头层层扒皮，狗腿子白吃白喝不干活，发到咱们手里的工钱就没多少了。我干了半年多了，想买顶狗皮帽子都没买上。"

新来的工人纷纷议论起来。这个说："去找沙福祥问问，他为什么花言巧语把咱们骗来？"那个说："咱们可不能在这个鬼地方干下去了。"

马永顺气呼呼地领两名工人去小白房子找把头沙福祥。这里又一番景象，屋里亮亮堂堂，床上放着被褥。沙福祥正在同两个日本监工吃饭，吃的是大米饭。

马永顺一看更来气了，冲着沙福祥大声问道："你去看看我们吃的住的，你把我们骗了，我们不能在这里干了！"

沙福祥立刻变了脸，两手叉腰，冷笑一声说："你们既然来了，就得听我的。哪个敢走，我就打断他的腿！"

一名日本监工走过来，照马永顺脸上打了一巴掌，骂道："八嘎牙路，没干活的就闹事，良心的大大坏了！"

马永顺怒视着沙福祥和日本监工，刚要开口，走进来一名老工人把马永顺拉了出去。走到外面，那名老工人悄声地说："在这里流行一句话，要吃沙福祥的饭，就得拿命换。你初来乍到，和他们对着干，是要吃亏的。"

果然，过了几天，一名叫张祥的伐木工人受不了折磨夜里逃跑，被沙福祥捉回来，剥光了衣服，绑在树上，往身上浇凉水，冻成了"冰棍"。

绿色监狱苦挣扎

★★★★★

日本侵略者对中国人非常狠毒，把死了的工人直接扔在山沟里，山沟里堆满了尸骨。当时流行这样一首歌谣："四处是山，中间是天，一把大斧一把锯，终年在深山。吃的是橡子面，穿的是麻袋片，要想糊住口，就得拿命换。"同马永顺一起由天津老家跑出来的 18 个人，到长白山汪清林区干了不到一年，就被活活折磨死了 10 个。马永顺心想：剩下我们 8 个若再干下去，也好不了。于是，在一个伸手不见五指的夜晚，他领着 7 名老乡，逃到了黑龙江的朗乡林区。

这里营林署的日本把头叫凌木，是个嘴甜心狠的人。他见马永顺长得膀大腰圆，身上有力气，便假惺惺地说："你的好好地干活，我的工钱大大地给。"

马永顺听了，虽然不那么相信，但干活还是不偷懒，在采伐木材、流送木材中，没少出力。

到第二年春天收工时，马永顺按凌木说的一算账，能得到一笔可观的工资。他从家里出来时刻想着多攒几个钱，回家看爷爷、爸爸、妈妈，可是，以前在汪清林区干了一年多，不要说攒几个钱，还差点儿被冻死、饿死。如今打算工资拿到手，就回家看望老人。

可是万万没想到，工程结尾时，凌木说去长春取钱，便一去没了踪影。

马永顺听说凌木在长春的新南地居住，就去长春登门讨账。凌木没有在家，他老婆推脱不管，不搭理马永顺。马永顺不走了，住在一家小店里，便三天两头去凌木家，可是凌木躲着不回家。

那时，长春是伪满洲国的"首都"，正在大兴土木，为傀儡皇帝溥仪修金銮殿。马永顺住在小店里，路费花光了，听说修金銮殿的工地用临时工，便去干一些挑土、挖地基的力工活。

马永顺听说溥仪就住在附近的"皇宫"里，总想看看这个傀儡皇帝是什么模样，可是一个临时工，哪能有那样的机会。一天，马永顺正在干活，街上戒严，说溥仪从外地回来了。他好奇地想看看，可工地被警察包围了，不让出去。他站在高处，影影绰绰地看见溥仪带着大盖帽，帽上立着一个黄穗子。

干了十几天活，马永顺听说凌木回来了，便又去讨账。

谁知，凌木不但只字不提欠工资的事，反而眼睛一瞪问道："你是不是上我家来过？"

"来过。"

"来过几次？"

"4次。"

凌木立刻翻了脸，大声骂道："我家的钟和一些贵重物品丢了，一定被你偷去了！"

马永顺知道凌木在使坏招，诬陷他偷东西，想赖掉欠的工资。于是反驳道："你不要诬陷好人！赶快把欠我的工资发给我。"

凌木冷笑一声说："你偷了我家的东西，我让警察来抓你。"说着，便摸起电话。

马永顺一看要吃官司，心想，要是被警察抓去，不被折磨死，也要扒层皮。因此，工钱不敢要了，当天便离开了长春。

两手空空，怎么回家呢？马永顺非常想念老人，心想，不管怎样，也要回家看上几眼。于是，他靠打短工挣几个路费，坐车回到天津宝坻县沟头庄。

马永顺穿得破破烂烂，怕乡亲们笑话。到家这天，正赶上中午，他不好意思进庄，在苞米地里藏了一下午。天黑了，才慢腾腾地敲开家门。

爷爷看见马永顺衣帽不佳，还空着两只手，便问："小六子（马永顺乳名），你去闯关东，怎么混的，就这样回来了？"接着，长叹一口气说："从小看大，三岁看老。小时候算命先生就说你没啥大出息。不过还好，总算没喂关东狗，活着回来了。"

马永顺含着泪把在东北林区受日本鬼子、汉奸、把头欺压的情况向家里人讲了。妈妈拉住马永顺的手，哭天抹泪地说："你能回来就好，今后可别出去受大罪了，咱们死也要死在一块。"爸爸长吁短叹地说："今后别再往外跑了，在家做点小买卖，跟庄里人贩卖点水果啥的度日吧。"

家里东借西求，凑了70多元钱，交给马永顺。让他去平沽购买大枣、花生、柿子回来卖。马永顺是个有志气的人，第一次闯关东失败了，没有死心。他决定趁外出购水果之机，偷偷出去，再闯一次关东。于是，他求人写了封信给家捎去。信中说："这次出去一定干出个样子来，再混成穷光蛋就不回来了。"他又一次走进了"绿色监狱"，来到伪满黑龙江铁力林区。

马永顺二闯关东来到铁力南河，当上了"木把"（即伐木工人）。这里把头外号叫"马大巴掌"，也是个吸血鬼。他不仅层层扒皮，残酷剥削工人，还想出"祝寿"、"放赌"等种种鬼名堂，榨取工人的血汗。这还不算，逢年遇节，"马大巴掌"还要工人给他送礼。

倔强的马永顺，对"马大巴掌"搞的那一套非常气愤，什么"祝寿"、"送礼"，他从不沾边。"马大巴掌"火了，放出风说，要收拾马永顺。本来马永顺伐木是把好手，可"马大巴掌"偏让他去楞场抬木头。

一次本应 8 个人抬的大红松，"马大巴掌"硬让 6 个人抬。结果，由于有人力气差，挺不住了，木头落地把马永顺左腿砸伤。半尺多长的口子，皮肉向外翻着，疼得他死去活来。

马永顺不能上工了。"马大巴掌"不但不给治，反而在一天夜里来到马永顺跟前，气势汹汹地说："咱这里不是养大爷的地方，不能干活趁早给我滚蛋！"马永顺说："走可以，你得把欠我的工钱发给我！"可"马大巴掌"赖着不给，还一再撵马永顺走。

工人们围住"马大巴掌"，帮马永顺说话："老马给你干了一年多活，分文不给可不行！"

"马大巴掌"怕惹怒工人，扔出一条黄色的旧毯子说："钱没有，就用这条毯子顶账吧！"

与马永顺要好的几名工人凑了几个钱，用这条毯子裹着伤口，把马永顺送到铁力的一家日本人开的医院。治了几天，钱花光了，伤口还是流脓淌血，医院便把马永顺赶了出来。

马永顺拖着伤腿，白天上街讨饭，晚上就住在铁力南门外的张家店里。这家店主很同情马永顺，交不起店钱也让他住着。

马永顺的腿伤越来越重了，伤口发炎变黑，越烂

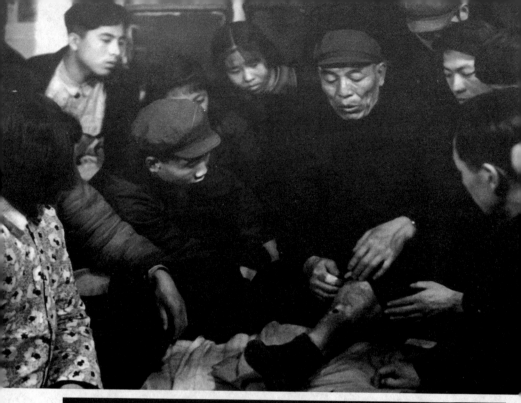

△ 马永顺向青年工友讲述早年在"绿色监狱"遭受把头欺压的经历，教育青年牢记历史不忘过去

越深，不能走路，就爬着上街讨饭。

几名工人兄弟来看马永顺，见病情恶化，就凑钱把马永顺送进医院，医生说："这条腿保不住了，要想活命就得截去。"

马永顺百般不肯，说："没有腿，我一切都完了，宁可烂掉也不截肢。"便又回到张家店。

一天，店里住进一名老猎人，看了马永顺腿上的伤口，说："我过去腿被野兽咬伤，用自采的草药洗伤口治好了。我送你一些草药，试试看。"

马永顺用老猎人送的草药洗伤口，果然有效，洗了几天，伤口由黑变红，长出新肉。马永顺感激地对老猎人说："你不但治好了我的腿，还保住了我的命。我一辈子也忘不了你。"

马永顺的腿伤渐渐好了，能走路了，想出去找活干，可连路费也没有。有人向他提议："你的那条黄毯子很好，能卖一些钱。"还有人主动提出要买他的毯子。

马永顺用手抚摸着毯子，摇头说："这条毯子来历不一般，凝结着林区工人的深仇大恨。我不但不能卖，还要永远带在身边。"

还是店主发了善心，借给马永顺一笔钱做路费。马永顺来到长白山黄泥河林区干了一年多，当牛做马，起早贪黑地干，也没挣到钱。后来与几名工友来到黑龙江的浩良河林区。

⊖ 机智勇敢斗把头

★★★★★

"绿色监狱"到处都暗无天日，浩良河林区的日本侵略者和封建把头剥削工人的手段更毒辣。大把头姓李，一只眼，人送外号"独眼龙"。他手下有个带工的小把头，叫刘立福，自称"大力神"。

"大力神"长得五大三粗，像个凶神，从不把工人放在眼里。

马永顺一来，不少工人就向他介绍"独眼龙"和"大力神"的情况。"独眼龙"这个人既狡猾又狠毒。他勾结日本鬼子利用"大力神"专门坑害工人。一来新工人，就把他们分配去楞场抬木头。干一阵子，大把头"独眼龙"就要出一个花招，叫"大力神"出来与新人抬木头。"大力神"暗地里使坏，在上跳板的关键时候，突然用劲狠压新工人。如果抬不动，就不要你了，而且不但不要你了，连你以前干的那些活也算白干了，工钱全被把头独吞了。一些新工人，就这样在与"大力神"抬木头时，有的被压吐了血，有的压坏了肩膀，也有的掉到跳板底下被摔死。

马永顺一来，也被分配去楞场抬木头。可是一连几天，"大力神"也没出来与马永顺较量。

马永顺心里很纳闷，有位老工人提醒说："这是'大力神'等你去送礼，向他说奉承话认输。你新来乍到，要想在这里吃抬大木头这碗饭，最好给'大力神'送点礼，让他照顾照顾你，免得这小子对你使坏！"

经过多年在林区的磨炼，马永顺认识到，在日本鬼子和把头面前，越像小绵羊，就越受欺负。于是，他头一摇，满不在乎地说："送礼？甭想！我这次来就想会一会'大力神'，看他到底有多大本事！"

一些工人见马永顺不但身材魁梧，膀阔腰圆，还是条铁铮铮的硬汉子，纷纷前来鼓劲："'独眼龙'和'大力神'这帮家伙，可把咱们工人坑苦了。你要好好收拾收拾他们，给咱们工人出口气！"

这时，与马永顺同来的一名工人介绍说："咱们马哥血气方刚，身上有使不完的劲儿。他在黄泥河林区，曾经和一名绰号叫'大黑瞎子'的工人比试力气。他们两个人抬铁轨，看谁坚持时间长，结果咱们马哥三战三胜"。有人风趣地说："'大黑瞎子'遇上了'大老虎'！"

"好，这次你一定拿出虎威，斗垮'大力神'！"又有一些工人给马永顺鼓劲儿。

马永顺向工人们详细打听"大力神"的情况，连他使坏的一些动作，都问得一清二楚。他还找受害工人帮忙出主意。

有个狗腿子把马永顺不认输的情况报告给"大力神"。"大力神"骂道："这个臭山狗子，我非制服他不可！"他想出花招，打算第二天下午收工前，等马永顺累得筋疲力尽的时候，再出来对马永顺使坏。

这一消息，也有好心人告知马永顺。第二天上午干活的时候，马永顺就留着劲儿，一边干一边琢磨如何斗"大力神"。中午多吃了一碗饭，还破例喝了两杯壮胆酒。

下午快收工的时候，"大力神"刘立福倒背着手，迈着方步，大摇大摆地走来了。这家伙身上披着垫肩，脚上穿着胶鞋，裤脚绑着裹腿，打扮得像个武士。

他东走走，西看看，对正在抬木头的工人们大声指责说："你们这帮小子，都是窝囊废，怎么专拣小木头抬，把大木头剩下了。这不行，都去抬大的！"说着，他又让看楞工把木垛上的跳板改为顺的，放在楞垛的一头。

"大力神"打量马永顺一眼，见马永顺穿着漏肉的破衣服，光着两只脚，见了他连句恭维的话都没说，便冷笑一声说："听说你小子闯荡江湖多年，有个三招两式的，怎么连双鞋都没混上！"

马永顺心里气得鼓鼓的，但他尽量不表现出来，只是看了"大力神"一眼，在嗓子眼儿里干笑一声，没说什么，心想：你不用咋呼，一会儿就让你叫娘。

"大力神"走到马永顺面前，往前一指，像挑战似的说："姓马的，来，咱俩抬一个杠，把那根木头抬到楞垛上去！"

　　马永顺一看，是一根6米长、80多厘米粗的红松原木。这时，正在抬木头的8个人都走过来了。

　　"大力神"手一摆，阴阳怪气地说：用不着那么多人，6个人可以抬上去！他要马永顺同他抬一个杠，问马永顺："你抬大肩（右肩）还是抬小肩（左肩）？"

　　马永顺强压着心头的怒火，亮着大嗓门说："我大小肩都能抬！"

　　其实，"大力神"只能抬小肩。见马永顺表现不服输的样子，说大小肩都行，一开头就压他三分，心里不痛快。但他不好说出口，使用左肩与马永顺把那根大红松抬了起来。两人抬的是前杠，刘立福口里喊着号子，迈开大步上了跳板。

　　"大力神"原以为，凭自己掌握压人坏招，非得把马永顺压垮不可。可是，抬头一看，马永顺气不长出，面不改色，上跳板的步伐稳健，劳动号子回应得响亮，不由得倒吸口冷气。心想，今天可遇上硬茬子了！

　　马永顺见"大力神"既老练也有力气，肩上压着大木头，仍然昂着头，扬着脸，稳稳当当地上了跳板。心想："这家伙确实名不虚传，与他斗可得多加小心。"他了解到"大力神"都是在快要把木头抬到楞垛时使坏，为此，他来个先下手为强。上跳板一半多的时候，马永顺加大了步伐，暗暗用足了劲。忽然把腰一挺，来了个泰山直立，把"大力神"定住了，迈不动步子了。

　　两个人在跳板上僵持着。很快，"大力神"受不住了，脸冒汗了，腿也哆嗦起来，向马永顺投来祈求的目光，嘴里喊道："往前走吧！"

　　马永顺心里说："今天要教训教训你，为受害工人出口气！"于是回应道："再坚持一会儿吧！"

"大力神"知道马永顺不会放过自己，两腿哆嗦得更厉害了。这时，马永顺往前迈了一步，把杠子往上一抬，又一使劲，只听"大力神"说了句："不好！"便从跳板上摔了下去，趴在地上爹一声妈一声叫了起来。

　　马永顺站在跳板上，瞧着"大力神"狼狈的样子，心中长长地吐了一口气。

　　在场的工人都向马永顺伸出大拇指。有人幽默地说："这下子可好啦，'大老虎'咬伤了'大力神'！"

　　"大力神"被摔伤后，威风扫地，从此大把头"独眼龙"一伙再也不敢使暗劲坑害工人了。马永顺知道在这里干时间长了"独眼龙"和"大力神"不会放过他，几天后，便离开了浩良河。

➡ 奋起反抗灌鬼子

★★★★★

　　压迫越深，反抗越烈。东北解放前夕，马永顺在忍无可忍的情况下，干出了一件轰动林区的事。

　　那是1943年，马永顺离开了浩良河，来到吉林省的黄泥河林区。当时中国人民在中国共产党的领导下，抗日战争节节胜利，日本侵略者的日子越来越不好过。他们怕工人们听到抗战胜利的消息，就到处增加岗哨，把工人们封锁在深山老林里。工人们的生活更苦了，特别是冬天更难过。在山上干活渴急了，就抓雪面子吃。橡子面窝窝头像石头那样硬，10 个人有 9 个得胃肠病、牙齿病。有的老工人不到 50 岁牙就脱光了。由于长期吃不到蔬菜，大部分工人都得了夜盲症，一到晚上就什么也看不见了。可怕的"森林脑炎"，更威胁着大伙儿的生命，只要染上这种病，那真是九死一生。马永顺所在的工棚，年初招进 130 多名工人，到第二春天，只剩下 47 名。

残酷的压榨，更加激起了马永顺对日本侵略者的仇恨。他心想："总有一天，我非狠狠收拾收拾这帮家伙不可！"

这年的 4 月初，日本鬼子和把头要马永顺他们修水闸，为流送木材做准备。当时河里结的冰还没全化开，在冰上干活，河里的水直往上冒，不一会儿，鞋和裤子就弄得湿漉漉。大伙儿冻得直哆嗦，可日本监工和把头，却在岸上一边拢火取暖，一边监视工人们干活。

马永顺与几名工人冻得实在挺不住了，从河里爬出来，想到岸上烤烤火，暖和暖和身子。一个日本监工看见，走过来，一扒勾把马永顺打到河里，骂道："八嘎牙路，你的干活偷懒的大大的！"

马永顺气得眼睛冒出火花，真想和这个日本监工拼了，可是连累带冷，全身已经一点劲儿也没有了。

大家憋着一肚子的气，把马永顺驾到岸上，用树枝笼着火，想给马永顺烤一烤湿了的衣服。那个日本监工又过来了，瞪着眼睛说："拢火的不行！"说着便用棍子把火扑灭了。马永顺怒火在胸中燃烧，牙根都咬痛了。

过了两天，马永顺与工人们又去河边修水闸。冤家路窄，又遇上了那个日本监工。马永顺往岸上拉铁丝绳，一不小心，铁丝绳碰到那个日本监工的手上，把他戴的白手套弄脏了一块。这家伙火了，嘴里骂道："八嘎牙路！"扬起巴掌在马永顺的脸上"啪啪啪"打了几下。

马永顺气得双手颤抖，心想：狗东西太欺负人了，今天非给你点厉害看看不可。他一个箭步冲上去，一把揪住那个日本监工脖子上的围巾，用劲把他拉到河里。马永顺会水，日本监工不会水，马永顺抓着这家伙的脑袋就往水里按。按下去，提上来，又按下去，灌得鬼子两眼翻白，成了"落水狗"。

岸上的工人们看见了，都高兴地拍手叫好。一名叫张树清的老工人劝马永顺："老马，你出出气就行了，要把他灌个好歹，日本人不能饶你。"

那家伙爬上岸，气得指着马永顺的鼻子说："你的良心大大的坏了，我的不能饶过你的。"说完便找日本把头左藤告状去了。

不一会儿，左藤派了两名狗腿子把马永顺抓走。一进院，他们就把大门锁上了。佐藤不问青红皂白，伸手就打，大骂马永顺"反满抗日"。他一边骂，一边拿起电话，要叫山林警察来抓马永顺。

马永顺被激怒了，用眼睛斜睨着日本把头，心想：要是被警察抓走，非得被他们折磨死不可。这些狗东西把中国人欺压苦了，反正我也没好了，今天就和他们拼了。于是马永顺飞起一脚，把电话踢到地上，举起身旁的一把椅子，就朝那个把头砸去。

就在这时，窜上来一个日本鬼子拿着扒勾朝马永顺扑来。马永顺一闪身，"嗖"地一下跳到屋外一个木拌子垛上，操起两块木拌子，就狠狠地朝那个鬼子砸去，把那个鬼子打趴下了。周围的几个狗腿子纷纷举起棍棒，朝马永顺扑过来……

突然，外面响起一阵呐喊声："不许欺压工人！""快把马永顺放出来！"原来，工人们怕马永顺有危险，都拿着搬钩、压角子等工具一齐跑来。他们"噼噼啪啪"砸开大门，闯进院子，把马永顺裹在人群里，把在场的日本鬼子和狗腿子团团围住。为首的老工人张树青向佐藤大声问道："你放不放马永顺？不放，我们就和你拼了！"

工人们举起搬钩、压角子，纷纷高喊："快放马永顺！"

佐藤见来了七八十名工人，都横眉怒目地瞧着他，怕惹起众怒，造成严重后果，不敢再耍威风了，就一指马永顺说："你的走吧，今天你的便宜了！"

大家把马永顺救回工棚，张树青拉住马永顺的手说："你教训了日本鬼子，长了咱们工人的志气。这帮家伙不会饶过你的，你赶快远走高飞吧！"

马永顺说："张大哥，我也知道在这里干下去，日本鬼子会收拾我的。可是我连一点路费也没有，怎么走啊？"

张树青说："那好办。"他向在场的工人们说："大家都掏掏腰包，给马永顺凑点路费。"

工人们纷纷掏钱给马永顺。马永顺含着热泪说："我走了，左藤会报复你们！"

张树青紧紧握住马永顺的手说："我们人多力量大，不怕他们。听说中国共产党领导的抗日战争节节胜利，日本鬼子是秋后的蚂蚱，不会蹦跶几天了，咱们很快会见面的。"

马永顺连夜逃出了虎口，又回到铁力。

伐木模范

⊙→ 盼来山林出太阳

★★★★★

1945年8月里的一天，马永顺和伙伴们正在铁力林区的密林深处伐木、造材，忽然，从林间小路跑来一个人。这个人一边跑一边喊："好消息！好消息！日本鬼子投降了！伪满洲国垮台了！"

马永顺和工人们扔下斧子和锯，互相拥抱起来，高兴得在山岗上又跳又唱，大声高喊："天啊，可熬到头了！"接着，大家纷纷向山下跑去。

"绿色监狱"被砸碎了，日本侵略者被赶走了，工人们大胆地寻找自己的生活出路。有的想弃林回家务农，有的想上铁路当搬运工，有的想做小买卖谋生。马永顺离家远，手中无钱，便来到铁力，住在四海店里，靠在街头卖小工为生。

不久，东北全解放了，中国人民解放军大规模向南挺进，修铁路急需枕木、桥梁。1948年秋，正在筹建的铁力林务分局（现在铁力林业局前身），缺少熟练的伐木工人，在门口贴出招工广告。

一天，工人代表王忠礼来到四海店，找到马

永顺说："如今解放了,林区跟过去不同了。铁力林务局在山上建了作业所(现在叫林场),大量生产木材,我来请你进山。"

马永顺不住地摇头说："我们从天津老家跑出18个人,如今就剩下我自己啦!我已下了决心,与大木头'绝交',不再进山了!"

"老马,要不是赶跑日本鬼子,你的小命恐怕也保不住了。现在是共产党领导的新林区,我看各方面都会好起来的。你是林区的老把式,采、打、集、装样样通,可不能与大木头'绝交'!"王忠礼握住马永顺的手一再劝说。

马永顺说："你说得有道理。不过,林区太苦啦,与大木头打交道太危险啦!旧社会铁力叫铁山包,当时流行这样一支民谣:到了铁山包,两眼泪滔滔,活着剩把骨,死了用担挑。如今解放了,当然不会这样了,可不知咋回事,一提起大森林,我就头皮发麻!"

王忠礼又说了一些鼓励马永顺进山伐木的话,马永顺只好表示要考虑考虑。

第二天,林务局劳动科的一位负责人亲自去小店请马永顺上山。这位负责人见了马永顺,又点烟又倒水,客客气气地说:"当前打国民党反动派,建设新中国,急需大量木材。马师傅,您是老'木把',林务局的谢局长让我代表他,请您上山。"

马永顺激动得掉下眼泪,说:"过去日本鬼子、把头打我骂我,现在你们来请我;过去他们叫我'山狗子'、'臭苦力',现在你们叫我师傅。真是新旧社会两重天啊!我一定重返林区,干出个样子来!"

初冬的一天,马永顺和一大帮工人喜气洋洋地进山了。离老远就见一群人站在路两旁,敲锣打鼓迎接新工人。欢迎的人一齐鼓掌,上前握手,帮助拿东西。作业所所长也在人群里,不住地点头说:"欢迎你们!欢迎你们!"一直把大伙送进工舍。

木刻楞的工舍,收拾得干干净净、亮亮堂堂。两边用木板做的床铺，也很整洁。地上烧着大铁炉子，暖烘烘的。没有行李和衣帽的，作业所还给准备了被褥、棉衣、胶鞋、棉帽子，先赊给，以后挣了钱再还。马永顺正缺这些东西，就各买了一件。

大伙刚坐下，一股香味就迎面扑来，不一会儿，炊事员端来白花花的大米饭、猪肉炖粉条子。大伙儿像过节似的，吃得津津有味。

晚上，作业所召开欢迎新工人联欢会，所长和工会主席都讲了话。他们说："如今是给咱们自己干活，大家都要努力生产，多采伐木材，支援解放战争和国家社会主义建设。"

马永顺听了心里非常高兴，主动站起来唱了一首新学会的歌："解放区的天是明朗的天……"马永顺声音洪亮，说话风趣，唱起歌来手舞足蹈，瓮声瓮气的，受到大家的热烈欢迎，都"呱呱呱"地鼓掌，请他再唱一个。马永顺一点儿也不推辞，又唱了一首民歌《王大娘锔大缸》。他边唱边扭，引得人们哄堂大笑。马永顺唱完，没用人们邀请，便说："我再给你们喊一段林区劳动号子。"于是他便喊道："哈腰挂呀，挺起腰呀！咱们哥八个呀，向前走啊……"过去有在林区干过活的，纷纷站起来呼应。

马永顺带了头，联欢会开得热烈、活跃，不少人唱歌、说快板、讲笑话，一直到晚上十点多钟才解散。

睡觉时，马永顺躺在有铺有盖的床上，翻来覆去睡不着。他心潮起伏，思绪万千，想起在旧社会林区的痛苦生活，喃喃地说："天哪，真是一切都变了！"开始他以为是在做梦，可是使劲儿掐了一把大腿，感到疼痛。他尽量控制自己的感情，没让眼泪掉下来。他暗暗下了决心：如今林区大变样！我可得好好干哪！

新的战斗开始了，马永顺当上了伐木工，感到浑身是劲儿。他与青年工人杨新结成一个对子，两个人使用快马子锯（也叫大肚子锯）采伐木材。以前在日伪时期，伐木工都使用快马子锯采伐木材。马永顺虽然感到两个人用一把锯伐木不安全，事故多，但在那个黑暗的年月，有

意见也不敢提。如今是给自己干活，马永顺干了几天，发现用快马子锯伐木，不但容易出事故，还窝工，采伐效率也低。

杨新鼓励他："人巧不如家什妙。你是老伐木工，有多年采伐经验，动动脑筋，改进一下不好吗？"

马永顺说："我想把两个人用的快马子锯垛成两截，改成一个人用的弯把子锯。不知作业所领导能不能批准？"

杨新高兴地说："那好啊，你请示一下所长，不妨搞个试验嘛！"

晚上收工回来，马永顺向所长讲了自己的想法，所长称赞说："新中国的林区工人，就应该敢想敢干。你大胆试验吧，我支持你！"

马永顺说干就干，当晚就把快马子锯改成了弯把子锯，试验几天，果然做到了不窝工、效率高，还保安全。马永顺一个人使用弯把子锯，每天天刚亮就起来，等别人到山场的时候，他已经伐倒两棵树了。晚上天黑了才收工。别人一天采伐木材八九立方米，他一天采伐二十多立方米。

马永顺顶风雪，战严寒，伐木效率直线上升。一冬天过去了，一算账，别的伐木工只采伐木材二三百立方米，最高七百立方米，而马永顺采伐了一千二百立方米，一个人完成了六个人的工作量，创造了全国林区手工伐木产量之最。

从这时候开始，马永顺成了名人，他在报纸上有了名，在广播里有了声，成了黑龙江省广大林区职工追赶的目标、学习的榜样！

一天，铁力林务分局下来一名工作人员，找到马永顺说："我向你报告一个好消息，你被评为黑龙江省林业特等劳模，明天就去绥化开劳模会。"

马永顺愣住了，头一次听到"劳模"这个新词，不知道啥意思，两眼直勾勾地看着那位工作人员，迟迟疑疑地说："我干活一点也不'老磨'呀！"

那位工作人员知道马永顺领会错了，噗哧一声笑了，说："不是旧社会你们对付日本鬼子磨洋工的'老磨'。劳模就是劳动模范，是职工中的先进人物，要受到奖励的！"

马永顺大嘴一咧笑了，在场的人纷纷鼓掌祝贺。

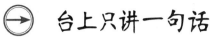

台上只讲一句话

★★★★★

1949 年 3 月初，黑龙江省林务局在绥化召开了劳动模范表彰大会。受表彰的有采伐模范，有套户（农民上山用马爬犁拉木头称套户）模范，还有模范工作者。

马永顺是特等劳动模范，他胸戴大红花，坐在前一排，最引人注目。他头一回参加这样的大会，听到领导的报告，感到很新鲜，越听越爱听。他心想：今后我一定发挥骨干、带头、桥梁作用，带动大家一起前进。

发奖那天，由于马永顺的事迹最突出，大会安排他上台发言，要他说一说是怎样一冬天采伐一千二百立方米木材，一个人完成六个人工作量的。

这下可把马永顺难住了，他连摇头带摆手说："我小时候家里穷，一天书没念。如今只认识自己的名字，发言不知说什么，就免了吧。"

可大会组织者非让他上台讲几句不可。在大会工作人员的帮助下，马永顺在心里构思了发言的内容。

谁知，不善言谈的马永顺，一上台就脸发红，心发慌，忘了打好的腹稿。他略一停顿，只说了一句话："我叫马永顺，采伐一千二百米！"便匆匆忙忙走下台。

"啪！啪！啪！"由于他的发言别具一格，赢得与会代表一阵又一阵的掌声。

有人作了测定：马永顺发言，只有12个字，4秒钟。可大家的掌声，比马永顺发言的时间还长。

大会给劳动模范们发了奖状和奖品。特等套户模范得了一匹大马。马永顺是采伐特等模范，奖给他的是一把大斧和一把弯把子锯，外加一匹五福牌的白布。

开完会，劳动模范们都抱着奖品，戴着大红花，到绥化大街上游行，锣鼓喧天，十分热闹。马永顺左手拿着大斧，右手拿着锯，肩上扛着一匹布，满面红光地走在队伍最前面。他的身后，是骑着马和骑着牛的套户模范。

马永顺虽然身材高大，膀大腰圆，扛着这么多东西游行，也很吃力，不一会儿就冒汗了。

有人小声取笑他："你看人家骑马骑牛的套户模范，多轻松！"

马永顺笑道："别看他现在轻松，上山赶套子比我还累哩！"

大街两旁人山人海，劳模们每到一处都围满了人，大家热烈鼓掌祝贺。

马永顺回到铁力，成了"香饽饽"，各作业所都争着要他去伐木，林务局根据工作需要，把马永顺分配到红旗岗作业所。

不久，林区号召把分散的工人组织起来，成立采伐小组，有的人想不通。所长找马永顺谈话说："你是老工人，又是劳模，应该发挥骨干、带头作用。只有把工人组织起来一道伐木，共同前进，力量才大呀！"

马永顺赞同地点头说："你说得对，一个人再能干，能有多大本事呢？五根手指攥在一起，才能攥成个大拳头。今后，我再也不耍'单刀'了。"于是，他带头报名加入伐木工组。

△ 佩戴诸多荣誉奖章的伐木模范马永顺

　　1949 年 9 月 15 日，"马永顺伐木工组"成立了，马永顺被推选担任了组长。全组 12 个人，大多是 20 多岁的青年。他们有一多半来自农村，对林业生产一窍不通，有的思想还很复杂。

　　以前，伐木工人都是耍"单刀"，搞单一的采伐作业，如今成立了伐木工组，要马永顺带领大伙搞一条龙作业，也就是既采伐、打枝丫、造材（把伐倒树截成一段一段的原木），也搞吊卯（将原木归成小堆便于套户运）、通道（在林中修简易运材道）……马永顺不知从哪里抓起。不过他能起带头作用，自己主动干累活和有危险的活，采伐木材时，他让新工人打枝、造材、吊卯、通道，把脏累的活儿留给自己。

一开始，新工人啥也不会，有的连很简单的活也干不好。有个叫王继国的小伙子，被分配造材，由于不会干，锯被木头夹住了，弄了一个多小时也没拿出来。王继国急得满头大汗，将两个锯楔子打进去，锯还是没拿出来。

"锯被木头夹住了，拿不出来了，你快去看看吧！"王继国找到正在伐木的马永顺，愁眉苦脸地说。

马永顺到那儿一看，哈哈大笑起来，说："真是活人能叫尿憋死了！"他用一个木杠把那棵木材往起一撬，锯立马就拿出来了。

拿出锯，王继国还站在那儿发愣。马永顺明白，他是在为难下一步该怎么拉。于是便开导说："夹锯是因为树根大头着地，前边悬空起来造成的。以后再锯这样的树，打个顶杠就好了。"

从这件小事中，马永顺认识到，要想让这些新工人提高生产效率，必须向他们传授技术。于是，他采取了以老带新的方法，安排一名老工人带两名新工人。

马永顺自己热心带好徒弟。一有机会就把青年工人找在一起，告诉他们怎样伐木、怎样造材。在山场上，他还注意纠正新工人不合理的操作方法，并当场做样子给他们看。

通过传授生产技术，工组里的青年大部分成了熟练工人。那个锯木头夹锯的王继国，不但想出了从稍头往上截，避免了锯被夹住的方法，又想出了从根部一直量到稍的方法，免得量原条（伐倒的树）来回跑，节省了不少时间。

可是，也有少数青年工人对学技术不起劲，效果不大，生产搞得也不好。

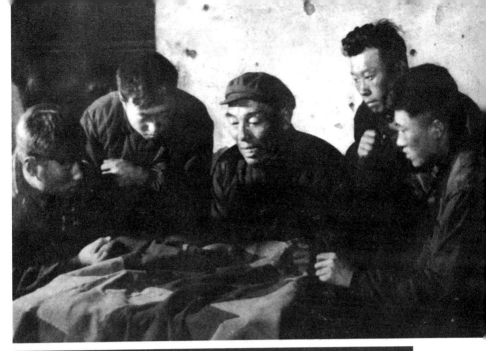

△ 马永顺向青年工人讲述过去的苦难史，教育青年工人不忘过去，珍惜今天的美好生活

　　作业所长知道了这件事，找到马永顺说："老马，培养新工人光教技术不行，教人要教心，应该先帮助他们提高思想觉悟。"

　　马永顺一听，心想：可不是么，学技术这件事，一个愿教，还得一个愿学，光顾教不愿学，那咋能学好呢。于是他又犯了难，对所长说："我没文化，不会讲革命道理，用啥方法提高他们的觉悟呢？"

　　所长笑了："你在旧社会的苦难经历，就是一部活教材，为啥不用呢？"

　　一句话提醒了马永顺。工组里有个叫王希文的青年，对学技术不起劲，干活也无精打采。马永顺就把行李搬到他的旁边去住，晚上躺在床上和他谈心。

原来，王希文嫌林区生活苦，对吃高粱米、苞米碴子有意见。摸到了病根，马永顺就耐心地对他说："小王，你没受过旧社会林业工人的苦，就不知道今日的甜。"马永顺把自己旧社会腿被木头碰伤，把头"马大巴掌"把他搡下山的故事讲给王希文，并把那条旧毯子拿给他看。马永顺还讲述了旧社会林区工人的悲惨生活。

打这以后，王希文工作安心了，学习技术和干活的劲头也大了，很快就成为了一名生产能手。

马永顺还常常用自己的切身体会，现身说法，教育青年工人。一次，老伐区采伐作业结束了，马永顺伐木工组被分配到小东沟新伐区。这里的大树少，离采伐小号远，作业条件很艰苦。

有的青年工人闹了情绪，说："好林班有的是，摊这么个次林班，干活费衣服、费鞋、费力气不说，还挣不了多少钱。"

马永顺听了，严肃地说："生产条件差，难道就不去采伐，让林子躺在山上睡大觉吗？干活是要挣钱，可不能为了钱，就不顾国家的利益。我前一时期产生过见钱眼开的思想，差点儿跳槽，多亏领导帮助我，才提高了觉悟。你们是不是应该从我身上吸取一点教训，不要总打个人的小算盘！"他坦率、自责的一席话，说得全组工人心里热乎乎的。

第二天，马永顺领大伙儿上山，自己专拣乱石塘、树又稀又少的小号采伐，把条件好的让给别人。大家受到很大教育，气全消了，都主动抢困难，让方便，在生产中做出了贡献。

➡ 苏联专家提建议

★★★★★

1949 年 10 月 1 日，中华人民共和国成立了。马永顺高兴得不得了，同伙伴们在山上又唱又跳，干起活来劲头更足了。

不久，苏联派出一批专家，来我国帮助搞社会主义建设。其中的一位林业专家，来到我国东北林区，指导开发新林区。

一天，马永顺正在山上聚精会神地采伐木材，忽然有人大声喊："苏联林业专家来了！"他抬头一看，只见从山下走来一位黄头发、高个子、大鼻子的苏联人。林务局的一位干部和一名翻译陪他来到马永顺的眼前。

这位林业专家叫达依诺夫，一来到我国就到长白山林区走了一圈。现在又风尘仆仆地来到小兴安岭，从伊春来到铁力。

"这位伐木工叫马永顺，伐木是把好手。去年冬天一个人完成六个人的采伐量，被大伙选为劳模。"林务局那位干部向达依诺夫作了介绍。

达依诺夫听局领导说过马永顺的事迹，走上

来，握住马永顺的手兴奋地说："你是中国林业工人的好榜样！"

马永顺瞧着达依诺夫，"嘿嘿嘿"地笑着，说："请专家多指导！"

达依诺夫走进采伐小号，东瞧瞧，西看看，一会儿对从伐倒树上锯下的梢头木量了又量，一会儿又查看了附近伐完树留下的树根。他走了一圈，回到马永顺跟前，突然问道："中国的木材很多吧？"

这下子把马永顺问住了，他丈二和尚摸不着头脑，不知苏联专家葫芦里卖的什么药。他每天钻林子，和大树打交道，是觉得木材不少，可听领导说过，中国是个少林的国家，现有的森林积蓄量满足不了国家经济建设的需要。那么，苏联专家为啥问木材多呢？他两眼直愣愣地看着达依诺夫，不知道应该如何回答。

达依诺夫扫了马永顺一眼，显出十分痛心的样子，对林务局那位干部说："中国的木材浪费太严重了！一棵大树长起来，要几十年，甚至上百年，应该十分珍惜。我们苏联人爱护木材，就像爱护其他财产一样，凡是能利用的，就不扔掉。"接着，他话锋一转，一针见血地提出批评："我到山上看过了，你们采伐树留的伐根太高，梢头木也不利用。一棵树把两头去掉，请想一想，这浪费有多大呀！还有，采伐完的林场不清理，枝丫满山遍野，这样母树掉下的种子就不容易埋在土里，发芽生长，已经出土的树苗，也不容易快速生长。这样下去，慢慢就要变成秃山了。"

苏联专家的批评是正确的。敌伪时期伐木作业非常混乱，工人们只有一个主意，就是怎么省劲儿就怎么干，根本不考虑节约木材和森林天然更新。那时候伐木工站着放树，伐根普遍60~70厘米高。树倒了，只要中间的一段，梢头木全部扔掉。解放后，工人们也认识到现在是给自己干活，伐根比过去低了，梢头木好一点的也利用了。可是，由于没有建立一套完善的管理制度，伐区作业还很混乱，浪费木材的现象仍然十分严重。

听了达依诺夫的话，马永顺心服口服，爽快地回答："你说得对，我们确实存在这些问题。"

达依诺夫笑了，向马永顺摆摆手说："这缺点的产生，与你们工人关系不大，林务区应负主要责任。他们缺乏经验，没有认真加强伐区管理。"他转向陪同干部，问道："我这样说对吗？"

那位干部不住地点头说："对，对，是管理不善造成的。"停了停，他问道："你说说，应该怎样解决这些问题呀？"

达依诺夫果断地回答："按照我们苏联的经验，伐根要降低到 20 厘米以下，直径 6 厘米以上的梢头木一律运下山，加以利用。伐区要进行清理，把不要的树头、枝丫堆积起来，为天然更新创造条件。"那干部掏出笔记本，把达依诺夫的意见记了下来，说："我回去一定向局领导转达您的意见，把伐区管理好。"

苏联专家的建议很快被采纳，林务局发出"关于加强伐区管理的通知"，要求各作业所工人在木材生产中大力降低伐根，充分利用梢头木，同时要把山场清理好。

所长找到马永顺说："苏联专家的建议你都听到了，你是劳模，希望你起个带头作用，要把你们工组的工人都组织起来，推广好苏联的经验。"

"行，我们一定按照局里的要求和苏联专家说的去办！"马永顺下了保证。

可是，说起来容易，做起来可就难了。降低伐根，一条腿就得跪在地上伐木；利用树梢头，要费力砍去上面的枝丫；清理山场，到处拣树头、枝丫特别麻烦。

改变旧的作业习惯，有的工人想不通，口头上答应，在背后却说三道四，特别是一干起来就走样。

正在这时，达依诺夫又来了。他听说马永顺伐木工组带头做好伐区管理工作，便亲临生产一线进行指导。马永顺召开了工组会，请达依诺夫给大伙讲了话，鼓了劲。达依诺夫满怀激情地说："我是斯大林同志派来帮助中国建设的，我要把苏联森林工业所有的经验都介绍给中国林区工人。希望你们在伐区管理、增产木材、森林更新等方面，做出新成绩，闯出新路子。回去我要向我国林业工人报告你们的好消息！"

马永顺听完，激动地说："苏联人民对我们中国建设都这么关心，我们是新中国的林业工人，要不努力生产，加强管理，把林区建设好，就太对不起苏联人民啦！"

从此，马永顺处处起带头作用，实打实地学习、推广苏联的林业经验。为了降低伐根，他采伐时不怕苦不怕累，先用手把埋在树根周围的半尺多深的雪扒开，闪出土皮，用大斧把树腿砍掉，然后一条腿跪在地上，用锯紧挨树根采伐。这样，伐根很快就降到15厘米，后来又降到10厘米。有的降到离地皮2～3厘米。

达依诺夫看见了，伸出大拇指称赞说："太好啦！你降低的伐根，超过了我们苏联林区规定的标准！"

消息传出去，林务局发通报表彰马永顺伐木工组，还在采伐小号召开现场会，组织所长、工组长前来参观，号召学习马永顺降低伐根、利用梢头木的经验。

开动脑筋搞革新

★★★★★

随着林区生产的发展，从农村、城市来了大批新工人，作业所工伤事故不断发生。新工人由于不懂生产技术，有劲儿使不上，一听到树"叫茬"就吓懵了，不知往哪里躲避。因此工人们的劳动热情和生产效率都受到了影响。

马永顺看见新工人操作不当，有时也说上三言两语，但没有从根本上解决问题。不久，又遇到一件事，马永顺思想受到很大震动。有个姓邓的新工人，伐木时，上茬拉得很低，下茬拉得高，锯还没抽出来，树就倒下了，结果被树当场砸死。

这时，个别有迷信思想的人吹出冷风："马永顺把'山神爷'得罪了，作业所不会安宁了！"有的新工人被吓得卷起行李要下山。

马永顺看到这些，心里火烧火燎的难受。他不相信"山神爷"作怪，老工人的责任感鞭策他不容许这种状态再继续下去了，必须想办法加以解决。

正当马永顺寻不出一个解决办法的时候，林

务局和局工会的一些领导同志，纷纷深入各作业所抓安全生产。一天，局工会的刘万福同志找上门来，拉住马永顺的手，亲切地说："老马呀，目前咱们林业生产上存在的最大问题就是事故多，安全没保证。根据你在林区的经验，帮助我们找一找原因，为什么事故这么多？为什么你放树不出事故？旧社会你就在林区伐木，积累了很多经验，应该在安全生产上想出个好办法来。"

马永顺笑道："你提的问题很重要，也合乎我的心意，可我是个大老粗，让我在生产上干什么都行，要拿出个防止事故的办法，我可没那两下子。"

"这好办，只要你多动脑筋，有事多同大家商量、研究，安全生产的好办法就一定能琢磨出来。新中国的工人，都是企业的主人，希望你发挥主人的作用，为林区的开发排忧解难，多出一把力。"

刘万福的一席话，打动了马永顺。他心里亮堂了。紧紧握住刘万福的手说："你放心吧，我一定尽到最大努力，研究解决安全伐木问题。"

打这以后，马永顺不仅干活特别起劲，还成天思考着、琢磨着，探索安全生产的奥秘。他把自己过去用过的"大抹头"、"元宝茬"、"月牙茬"、"对口茬"等十多种放树方法，逐个进行试验、比较，每伐倒一棵树，都进行详细的观察、分析。搞了二十多天试验，虽然还没搞出什么名堂，但却从中得到了许多有益的启示。

作业所领导对马永顺的做法非常支持。所长鼓励马永顺说："世上无难事，只怕有心人。只要你不灰心，就一定能搞成功！"

不少职工也给马永顺鼓劲儿，说："有需要我们帮助的，你说一声，我们也出把力！"

马永顺在领导的支持和工友们的关怀下，决心搞出一套安全伐木法。他不顾自身疲惫，晚上回到工棚，就用筷子做树干，小刀当锯，试验采伐木材的每一个动作，腿上压着的那卷毛头纸，画满各种歪歪斜

斜的草图，每天都忙活到小半夜。

　　过去林区没有一个统一的伐木操作规程，伐木方法各种各样，伐木工人也各说各的道理。马永顺在先进经验的启示下，首先找出了造成事故的伐木方法的缺点。"大抹头"没有上下茬，用一个锯口伐木，树倒得速度特别快，容易砸伤人。"元宝茬"伐木时锯端得不平，中间凹，不容易掌握树倒的方向，也容易发生事故。"月牙茬"是中间凸，两头凹，也不容易掌握树倒的方向，易发生事故。

　　马永顺心想，要消灭事故，必须废除这些落后的伐木方法，规定出一种合理的伐木方法。多年来，他能够做到安全生产，使用的伐木方法是，既拉上下茬，还在两边"挂耳子"，因此树倒就稳定了。可过去在锯口的深度上，上下茬之间的距离上，没有一个正确的固定数。于是，他请工组的副组长王亚廷帮助琢磨，把整个伐木过程的先后动作确定下来。不过，他由于没有文化，写不成材料，不能在技术理论上加以说明。

为了解决技术上的问题，所里召开了"诸葛亮会"，让大伙献计献策。省林业工会生产部还派来两名同志，帮助马永顺系统地总结。就这样，马永顺经过两个月的刻苦钻研，在 1950 年秋，终于从各种伐木法中取长补短，综合归纳，找到一种人安全、树保险、效率高的放树方法——"安全伐木法"。

"安全伐木法"的特点是：根据树的曲直大小等不同情况，采用 6 个基本动作，掌握好树倒方向，使树倒速度缓慢。这样既可以保证人身安全，又可以避免砸伤幼树。

马永顺每天上山，亲自为大家做示范，讲"安全伐木法"的好处，讲"大抹头"等伐木法的缺点。所里的青年工人很快掌握了这种方法，放树时事故果然大大减少。

不久，苏联林业专家、东北森林工业总局的领导和科技人员，对马永顺创造的"安全伐木法"进行了鉴定，给予了很高的评价，认为是科学的、适用的。他们组织人把"安全伐木法"整理成材料，画了图，印成小册子。从此这项先进经验，很快在黑龙江林区和东北林区推广开了。

马永顺在生产实践中继续摸索，根据山场条件和天气情况，又总结出一套"五好六不放"的伐木方法。五好就是：树倒的方向看好，安全道打好，上下锯口拉好，锯楔子夹好，耳子要挂好。六不放是：太阳不出不放，太阳落后不放，大风天不放，大雪天不放，下大雾天不放，下大雨不放。在推广"安全伐木法"的同时，再能做到"五好六不放"，生产安全就更加有了保证。

万绿丛中一杆旗

★★★★★

马永顺创造的"安全伐木法"，在林业工人中引起强烈反响，得到了大多数人的赞扬。可是，也受到有保守思想的人怀疑，一些闲言碎语不时地传到马永顺的耳朵里：

"久在河边站，哪有不湿鞋的。成天和大木头摔跤，磕着碰着是免不了的。运气不好，什么法子也不灵！"

"采伐就是力气活，什么法不法的，不使劲儿，大树不会自个儿倒下来！"

每逢听到个别工人吹来的冷风，马永顺就主动找这些人谈心，讲"安全伐木法"的好处，他举了很多正反两方面的例子。虽然说服了一些人，但是仍有人认为"安全伐木法"麻烦，照旧使用容易造成事故的"大抹头""元宝茬"等老法子放树。

为了冲破推广"安全伐木法"的阻力，林务局的刘万福副局长和局工会的孔主席亲自率领马永顺到全局各作业所进行巡回演示，现身说法，教新工人用新方法伐木。

一个晴朗的早晨，马永顺他们来到胜利作业所。消息传出后，工人们就从四面八方赶来，不一会儿山场就围满了人。连一些勤杂人员也好奇地跑来看新鲜。

马永顺一走进采伐现场，就发现所有的眼睛都盯着他，心立即"扑通扑通"地跳起来。他尽力克制自己，向在场的人一拱手，谦虚地说："这个安全伐木法，是在各级领导的支持下，在工人弟兄们的帮助下，总结出来的。现在还不完善，我表演不好，请大家多提宝贵的意见。"

说完，他站在一棵红松树下，观察确定了树倒的方向，摸起一把弯把子锯，就按"安全伐木法"规定的动作伐了起来。他一边干，一边介绍"安全伐木法"的六个动作：第一，拉下茬；第二，砍上颚；第三，左右两边挂耳子；第四，拉上茬；第五，加楔子；第六，继续拉上茬。不一会儿，听马永顺喊了声"下山倒！"只听"轰隆"一声，这棵红松按预定方向顺利地倒下了。

伐完这棵树，马永顺的心慢慢地平静下来。紧接着，他又采伐了一棵大水曲柳树和一棵大杨树，也都按预定方向倒下了。伐完，他还向在场的人讲解，在保证放树安全的同时，如何掌握树倒方向，保护好母树和幼树。

人们对马永顺娴熟的伐木技术赞不绝口，可是，仍有人不服气。从人群中走出一名面色红黑、身材不高的工人，高声说道："马师傅，你采伐技术高，我很佩服！"接着，他向河边一指说："请你把那棵老榆树放倒，让我们再开开眼界！"

马永顺抬头一看，一棵三十多厘米粗的照河老榆树，在河的左岸歪歪斜斜地长着，树头左边还长着胳膊粗的两个树丫，树身的上半部倾向河心。从外观上看，很显然，这棵树非倒向河里不可。这样特殊的树，在林区是不多见的。

马永顺向人群瞧了一眼，心想：那小个儿工人是让我把这棵树伐倒在河岸上，这可是对自己的一次考验！如不合格，或出现问题，就会影响"安全伐木法"的顺利推广。想到这里，马永顺心里又"扑通扑通"

地跳起来。但很快又平静下来，冲那个小个工人笑了笑说："让我试试看！"

刘万福副局长怕发生意外，走到马永顺跟前，悄声地问："老马，怎么样？让这棵榆树倒在岸上有把握吗？如果没把握，可千万别冒险。"

马永顺没有马上回答，走近那棵照河老榆树，围着走了一圈，仔细瞧了又瞧，然后在刘副局长的耳边说："我看问题不大，可以改变树倒方向。"说完，他面向

△ 马永顺向工友们讲解"安全伐木法"

在场观看的职工，态度十分诚恳地说："工人弟兄们，说实在的，我放这样的树也没经验，可能放不好，请大家多加指导。不过，我要告诉大家，冒险的事我不干，就是放不好，也不会出事故的。"

这时，孔主席也走到马永顺跟前，叮嘱说："要胆大心细，多加小心。"

同马永顺一起来的两名伐木工，也鼓励马永顺说："马哥，你要沉住气，我们在一旁给你助威，祝你一

△ 马永顺在高山伐木时的情景

举成功!"

领导的鼓励,工友们的期望,马永顺感到身上增加了无穷的力量,心完全平静下来了。他首先用弯把锯在榆树上拉出了下茬,然后又抡起大斧砍出了上颚,随后便弯下腰"哧哧哧"地锯了起来。他一边干,一边上下左右地观察。锯末随风飞舞,洒满了地,好像下了一层小雪。

人们都目不转睛地盯着马永顺的一举一动,整个山场静极了,除了"哧哧哧"的拉锯声和"哗哗哗"的流水声,再也听不到其他声音了。

锯拉进一多半的时候,只见榆树梢晃悠起来。人群中交头接耳,喊喊喳喳。有人提心吊胆地说:"伐这样的树,简直是虎口拔牙!"

"咔!咔!咔!"榆树叫茬了。马永顺朝树的顶部瞧了一眼,用斧子把一个大树楔子打进锯口里,胸有成竹地放开喉咙,连喊三声:"迎山倒!迎山倒!迎山倒!"只见这棵照河老榆树迎着山坡,驯服地倒在河岸上,震动得整个大山都发颤了。

人群中立刻想起爆豆般的掌声。"向马永顺学习!""认真推广安全伐木法!"有人在一旁喊起口号。欢笑声,掌声,口号声,在山谷中回荡。林务局来的技术员走到树座子跟前,用尺作了标定,惊喜地当众宣布:"这棵照河老榆树所以倒在岸上,马永顺伐木时按照自然方向,错过 75° 的角度!"

"考试"合格了!刘副局长、孔主席以及作业所的领导,都兴冲冲地走上前,向马永顺祝贺成功。在场的工人们也都把马永顺围住了,高兴地问这问那。

那个叫马永顺采伐照河老榆树的小个儿工人,紧紧拉住马永顺的手激动地说:"耳听是虚,眼见为实,这回我算服了。"

➔ 锯齿锋利有高招

★★★★★

推广使用马永顺创造的安全伐木的操作方法，必须同时在工具上进行改革，由两个人使用的快马子锯，要改变成一个人使用的弯把子锯。弯把子锯一个人使用，操作灵活，携带方便，锉锯省工，伐木效率高，对安全伐木有保证。

马永顺一回林区，就把快马子锯剁成两半，变成了弯把子锯。经过实际操作，不仅专家、领导给予肯定，伐木工人也大力欢迎。因此，马永顺在创造"安全伐木法"中，提出改革伐木工具，很快被各作业所和伐木工人所接受，快马子锯逐渐被淘汰了。

可是，刚开始，不少伐木工人不会使用弯把子锯。只见马永顺操起弯把子锯，只要往树上一搭，"哧！哧！哧！"一眨眼的工夫，就把一棵大树放倒了。不一会儿，身前身后堆满了放倒的树。可有的伐木工，使用弯把子锯，尽管力没少出，时间也没少用，采伐效率却不高，常常落在马永顺的后边。

所里有个叫张明的青年工人，身板壮得像钢铸铁浇的一样，人们给他起了个绰号，叫"铁孩子"。马永顺改革工具的时候，他也用上了弯把子锯，并扬言，多伐木材有啥难的，只要使足了力气，就一定能创高产。

这一天，"铁孩子"暗暗与马永顺摽上了劲，决心比个高低，争个第一。一进林子，他就把全身的力气都用上了，伐完这棵伐那棵，汗水从脸上淌下来也顾不得擦，中午吃完饭也不休息，摸起弯把锯就干了起来。可是他几乎把锯都拽飞了，锯末却不多，锯进得也不快。晚上到所调度室一看生产记录簿，还差 4 立方米没有撵上马永顺。

"铁孩子"以为力气还没使足，第二天起大早上山，大干了一天，累得筋疲力尽，还是没有马永顺采伐的木材多。

这是什么原因呢？"铁孩子"奋拉脑袋了，冥思苦想也没找出原因。在大伙儿的启发下，他愁眉苦脸地去问马永顺。

马永顺拿过"铁孩子"的锯看了一会儿说："采伐木材是要用力气，可是光凭力气不行啊！常言道：人巧不如家什妙。你采伐效率不高，不是没用足力气，而是锯没锉好，锯齿高低不平。"

"铁孩子"认为锉锯没啥奥秘，谁都能干，便大大咧咧地说："那好，今晚我把锯好好锉一锉。"

马永顺告诉他怎样锉，他哼哼哈哈地答应了，但没有往心里去。晚上他按照自己的想法把锯锉了一遍。没想到，第二天到山上伐木，锯还是不好使，采伐效率仍然没提高多少。

这回"铁孩子"感到再蛮干不行了，来到马永顺跟前说："我用你的弯把锯伐棵树，照量照量。"他摸起马永顺的锯去采伐附近的一棵大红松。真怪，像不费劲儿似的，两锯下去二寸，几锯下去半尺，不一会儿，这棵红松便乖乖地倒下了。

"马师傅，你的锯真好使！看来我傻干不行了，挨累不出活。我现在就拜你为师，请你教我锉锯，教我伐木吧！""铁孩子"服气了，激动地说。

马永顺放下手里的活，笑了："不用拜师，我现在就帮你把锯锉好。"他找出刀锉，把"铁孩子"的锯拿在手，一下一下地锉了起来。他手中的锉掌握得又稳又麻利，不一会儿，那些七长八短的锯齿一颗颗亮了，也齐了。

"铁孩子"接过弯把锯，一试验，果然好使了。他高兴地说："马师傅，你锉锯真有两下子，谢谢你！"

马永顺开玩笑地说："不用谢。你用上这把锯就成了名副其实的'铁孩子'了，我还想同你赛一赛呢！"

"马永顺锉锯有高招！"这消息很快传遍了全作业所。从此，找马永顺锉锯的青年工人越来越多。白天他在山上利用休息时间，把自己的锯锉好，晚上坐在煤油灯下，给青年工人锉锯。他几乎天天这么干，虽然十分辛苦，但是没有怨言。

马永顺会锉锯的消息越传越远，不但本所的工人找他锉锯，附近作业所也有人扛着弯把子锯来向他请教。马永顺常常锉到深夜，忙得不可开交。

作业所所长找到马永顺谈话说："老马啊，你起早贪黑地给大伙儿锉锯令人佩服，可是老这么干不行，一根好铁能捻几根钉，应该把你锉锯的高招总结出来，教会大伙儿锉锯。"

听了这话，马永顺的心豁然开朗，一拍大腿说："你说得对！高招虽不会总结，锉锯的办法倒有一些，我一定传授出去。"

打这以后，马永顺一边给大伙儿锉锯，一边耐心地传授自己的锉锯经验："一年有春夏秋冬，四季的气候不同，树有软硬、针叶阔叶之分，所以就要针对这些不同情况来锉锯、掰料、掏仓。夏天，锯料就得掰得大些，因为树脂多，容易糊锯。冬天，料就得掰小点儿，因为天气冷，木头硬，料大拉不动……"

△ 马永顺向工友传授"四季锉锯法"的方法

　　通过马永顺耐心传授，所里会锉锯的越来越多，有的成了小师傅，外地有人扛着锯来请教，也能指导了。

　　这件事很快被东北森林工业总局知道了，他们认为有必要把马永顺的锉锯方法总结出来，在全林区加以推广。于是，派邓工程师深入作业所，帮助马永顺系统地总结四季锉锯的先进方法。

　　马永顺见了邓工程师高兴地说："我只会干，说不出个道道来，请你多加指教。"他把锉锯中的经验和教训，详细地向邓工程师作了介绍。

邓工程师把马永顺锉锯时的每个动作，都一一地记录下来，然后进行分析、研究、比较。对肯定下来的，又征求了其他伐木工的意见。在邓工程师的帮助下，经过一个时期的摸索，马永顺又创造了"四季锉锯法"。

"四季锉锯法"的特点是，根据春、夏、秋、冬自然条件的变化，确定锯齿的高低、锯仓的深浅、锯料的大小，从而使锯达到四齐："尖齐、刃齐、料齐、仓齐"。

这个先进的锉锯法一出现，就在铁力林区引起了轰动。局里连续办了三期弯把子锯手学习班。马永顺一边讲课，一边领大伙上山实际操作，收到了很好的效果，仅 1951 年秋天，就培养出 140 多名弯把子锯伐木手。

《安全伐木法》和《四季锉锯法》两本小册子，在黑龙江林区全面推广后，劳动生产率提高 35% 以上，各林务局都月月提前完成木材生产任务。

1952 年 6 月，东北森林工业总局和东北森林工业工会在沈阳联合召开了"东北林区采伐技术研究会"。马永顺被邀请参加了会议，并向与会的辽宁、吉林和黑龙江林区的代表团，作了伐木技术的表演，受到了好评。

这次会议决定推广四项经验："安全伐木法"、"四季锉锯法"、"量材造材法"、"流水作业法"，同时决定废除快马子锯，采伐一律使用弯把子锯。

这四项经验，有两项是马永顺创造的。从此，"安全伐木法"和"四季锉锯法"在东北林区开花结果。马永顺的名字再次上了报纸，上了广播，在林区家喻户晓。

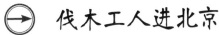

伐木工人进北京

　　1954 年 12 月，马永顺被中国人民政治协商会议邀请为第二届特邀委员，要他去北京参加政治协商二届一次会议。

　　当时，马永顺不明白人民政协是干啥的，找到林场党支部书记说："我多次当劳模，得到荣誉够多的了。不能好事总让我一个人摊上，还是让别人去吧！"

　　党支部书记笑了，说："能当上全国政协委员可不容易，只有在全国有名望有影响的人，才能参加全国政协。政协委员参与讨论国家大政方针，进行民主协商，是爱国统一战线的光辉体现。不是谁都可以参加，也不是荣誉职务。"

　　马永顺迟迟疑疑地说："我不会说，也不会道，去参加会议，也不知道该怎么办呀？咋协商？"

　　"你是劳模中影响较大的人物，被特别邀请为全国政协委员。只要你把广大职工和劳模们的意见和要求带上去，怎么想就怎么说，就会得到重视。"党支部书记又鼓励马永顺在政协会议上参政议政，大胆发言。

　　这年的 12 月 21 日，马永顺第一次进北京，出席了在怀仁堂召开的全国政治协商二届一次会议。当毛泽东、朱德、刘少奇、周恩来等党和国家领导人健步登上主席台时，会场顿时沸腾起来。

马永顺深深地感到，毛主席拨开了革命航道上的迷雾，推翻了三座大山，拯救了中华民族。自己今天来到首都北京，能够同毛主席等党和国家领导人坐在一起讨论国家大事，心里真是万分激动。因此，当毛主席一出现在主席台上，马永顺两眼就流出了喜悦的泪水，使劲儿地鼓掌。他见毛主席亲切地和坐在台上的政协委员握手，便看了看自己的两只大手，心想：我要是能和毛主席握握手，那该有多好啊！于是，他更加使劲儿地鼓起掌来。会场静下来，他还在鼓掌，直到邻座的一位委员拽了他一把，他才平静下来。

毛主席致辞的时候，马永顺聚精会神、一动不动地听着，很怕漏掉一个字，他想把每个字都刻在心上。

开幕式结束后，马永顺见坐在主席台上的一位黑龙江委员走过来，急忙伸出手说："我想和您握一下手。"

那位委员愣住了，不解地问："咱俩在一个团，住在一起，天天见面，和我握手干吗？"

马永顺笑嘻嘻地说："我刚才看见毛主席和您握手了，我握一下您和毛主席握过的手，也等于毛主席和我握手了！"

那位委员噗哧一声笑了："你就等着吧，总有一天毛主席会和您握手的！"

马永顺盼望和毛主席他老人家握手的愿望，不久就实现了。

1956 年 1 月 30 日，中国人民政治协商会议第二届全国委员会第二次会议在北京怀仁堂隆重开幕。

当时由于社会主义建设和社会主义改造取得重大胜利，大会安排工、农、兵、学、商五个界别的政协委员，代表全国人民向毛主席报喜。这个喜讯像春雷，响彻了会场，震动了每个人的心。

　　谁代表全国职工向毛主席报喜呢？经过充分酝酿、讨论，大家一致推举马永顺。参加政协会的全国总工会主席赖若愚找马永顺谈话，要他做好向毛主席报喜的准备。

　　马永顺听到这个消息，心情激动极了！幸福的火焰燃红了他那饱经风霜的面颊，也炙热了他那颗怦怦跳动的心。这时候，许多工厂企业的政协委员都围上来，要他把工业战线取得的新成就报告给主席。

　　一位钢铁战线上的委员，拽着马永顺的胳膊说："老马啊，搞社会主义建设钢铁要先行，解放后我们取得巨大成就，产量翻了好几番，你可要好好向毛主席汇报呀！"

　　一位纺织战线上的委员双手握住马永顺的手说："你代表我们向毛主席表决心，我们一定生产品种多、质量好的纺织品，满足人民生活的需要！"

这个讲成绩，那个表决心，马永顺越听越感到肩上的担子太重了。他要把委员们的嘱托、工人阶级的心愿，一字不漏地汇报给毛主席。

可是，往深里一想，他为难了，毛主席日理万机，这么多贴心话，怎么汇报？这时，有关部门通知，向毛主席报喜，是用喜报的形式，这既节省时间，也能写得周全。

当天晚上，马永顺洗了澡，理了发，剪了指甲，高兴得一宿也没睡好觉。

第二天上午8时30分，在怀仁堂举行了报喜大会。毛主席满面红光，神采奕奕，箭步登上主席台，亲切地向台下招手致意。

工、农、兵、学、商五位代表，双手捧着印有双喜字的红色喜报，高高兴兴地走上主席台。马永顺是工人代表，走在最前边，他的心哪，也擂起了报喜的锣鼓，他只觉得眼睛发热，周身血液在加速奔流。

来到毛主席身边，马永顺用双手献上红色报喜信。毛主席接过来，点头笑着，向他伸出温暖的大手。马永顺那只长满厚茧的右手，被毛主席紧紧握住了。他激动得一时竟不知说啥才好，一股热泪，从眼角流出。这时台下响起一阵又一阵掌声和欢呼声。

马永顺一动不动地站在毛主席面前，想说上两句贴心的话。这时农民代表高凤志走过来，轻轻推了他一下。他才明白过来，这幸福的时刻，不能一个人长时间占用啊，就向前挪了一步。

紧接着，五个人都走到毛主席身边，又走下了主席台。马永顺走到自己的坐席前，立即有人走来，争着抢着握他那只被毛主席握过的手。

那位嘱咐他好好报喜的委员问马永顺："我在下边见你送喜报，好像一句话也没跟毛主席说。"

马永顺一拍大腿，后悔地说："我太激动了，想和毛主席说的话，一句也没说出来。我没有完成你们交给的任务啊！"他暗暗下了决心，以后再有机会见毛主席，一定把大伙的心情汇报上去。

机会真的又来了，马永顺被选为全国先进生产者，通知他1956年五一前夕，到北京出席全国先进生产者代表大会。

马永顺去开会那天，铁力林业局有一千多人前来欢送。铁力车站广场，人山人海，锣鼓喧天，秧歌队兴高采烈地扭着秧歌。局长、党委书记等领导，站在人群里不住地鼓掌，少先队员还向马永顺献了花。

几名老工人拉住马永顺的手亲热地说："你这次去首都，又能见着毛主席，请代我们向他老人家问好！"

马永顺心噗噗跳得很厉害，好像有千言万语要对大家说，然而一时又说不出来，憋了半天才说出一句："谢谢大家来送我，我一定把你们的问候带给毛主席！"

全国先进生产者代表大会开幕那天，马永顺被提名为大会主席团成员，被请到主席台上就坐。毛主席等党和国家领导人出席了开幕式，坐在主席台第一排。马永顺坐在后排，距离毛主席不远，他心里不住地琢磨，怎样才能与毛主席握握手，向他老人家问候一声呢！可是，开会时，大家都坐好了，毛主席才来。会议结束时，毛主席先走了，大家才离开坐席，没有机会接触毛主席。

这天上午，会议快要结束时，大会秘书处通知，毛主席要在会客厅会见大会主席团全体成员。

马永顺高兴得手舞足蹈。上次以工人代表身份，向毛主席报喜，这次以劳模身份，受毛主席接见，马永顺感慨万分。他想：一个在旧社会被称为"山狗子"

的伐木工，干出一些成绩，党和国家就这么重视，毛主席他老人家就这么关怀，真是新旧社会两重天！

接见时间到了，马永顺扬着脸，挺着胸脯，同其他主席团成员排着队，走进会客厅。只见毛主席等党和国家领导人早就等候在那里，满面笑容地鼓掌，向大家招手。

马永顺走到毛主席跟前，毛主席笑眯眯地瞧着马永顺，亲切地握住他的手。马永顺想起工友们的嘱托，兴奋地说："我代表林区工人向您问好！"毛主席慈祥地说："好，好，好。"接见完了，马永顺一边往出走，一边不时回头看毛主席，用两手使劲儿地鼓掌，手都拍疼了。

 # 创造之花别样红

★★★★★

马永顺是全国出了名的弯把子锯伐木能手，他的手工伐木经验在东北林区已开花结果。可是，1958年他遇到了新的考验，从林业局传来消息，伐木要逐步实现机械作业，伐木工要告别弯把子锯，改为油锯。

关于机械作业，马永顺不但早就听说，也亲眼见过。他所在的平安林场（伐木场普遍改变为林场），由苏联进口两台拖拉机，到山上集材效率高，超过了马套子和运材工具，受到职工群众欢迎，大伙风趣地称拖拉机为"爬山虎"。马永顺虽然没有看到油锯，心想，用这玩意一定也能省力气、效率高。

3月里的一天，马永顺去哈尔滨参加一个会议，中共黑龙江省委林业部部长张世军同志把马永顺请到办公室。

"老马啊，今后林业生产要告别手工作业，向机械化迈进。最近省里从苏联进口一批油锯，决定给你们工组5台，在铁力搞采伐机械作业试点，你看行不行？"

马永顺爽快地说："行啊，太好啦！"

张世军笑道："油锯伐木效率高，是林业生产上又一次革命。你过去是弯把子锯伐木能手，现在希望你带头使用油锯，也成为油锯伐木能手。"

"请领导放心，我一定使用推广好油锯，为早日实现林区采伐机械化出力！"马永顺满口答应，心想，自己身上有力气，操作油锯不会很难。

张世军站起来，握住马永顺的手说："我要提醒你，油锯可不像弯把子锯那样好摆弄。你要领大伙学习文化科学知识，才能掌握油锯性能，当个合格的油锯手。"

"我回去一定带领大伙抓紧学习，决不辜负领导的期望。"

过了不久，5台崭新的油锯运到马永顺工组。大伙围着那涂了红色油漆的油锯，用手摆弄着，不知怎么用。

这时，场长和检修所的田师傅走过来，马永顺迎上去问场长："我们都头一次看见油锯，不会使呀！"

场长一指田师傅："田师傅懂技术，让他看看说明书，教教你们。"

田师傅看了一会儿说明书，向大伙简单地作了介绍，然后把油锯发动运转起来，便对院中一棵横着的倒木拉了起来，一眨眼工夫就截断了。

马永顺高兴地拍着手说："确实比弯把子锯效率高，看来机械化就是比手工作业好！"接着他面向工组工人："两人一台油锯，组成一个小组，从今天起搞油锯采伐试点。"

可是，工组工人都你看看我，我看看你，迟疑不前。

"你们不要怕，不懂就学嘛！苏联能够实现采伐机械化，咱们也有两只手，也能做到！"马永顺瞅了大伙儿一眼，又对身边一名青年工人说："李福林，咱俩一个小组。你去给油锯加油，今天就试验用油锯伐木。"

李福林拿起一台油锯，到仓库加完油，便同马永顺一起上山了。到了采伐小号里，李福林不停地拽起动器，油锯就是不着火。

马永顺接过油锯，拽了一会儿起动器，仍不着火。他气呼呼地说："真奇怪了，这是新油锯呀，怎么发动不着呢？"

李福林又拽了一会儿起动器，把上边的绳都拽断了，累得满头大汗，油锯仍发动不起来。他哭丧着脸说："八成是一台坏油锯。"

马永顺说："这是咋回事呀？一开头，油锯就给我们个眼罩戴，今后怎么使用啊。走，拎回去，让田师傅检查一下是啥原因。"于是，两个人蔫头巴脑地下了山。

田师傅拿起油锯，起动几下也没着火，便把油锯的几个主要零件卸开，看了一会儿说："油锯没毛病。"他打开油箱，用鼻子闻了闻，问李福林："里边灌的是什么油？"

"柴油呀！"

田师傅噗哧一声笑了，说："你灌错油了，那怎么能打着火啊！油锯用的是汽油。"

李福林挠挠脑袋说："我不懂啊！"

马永顺长出一口气说："油锯这玩意不大，脾气还不小，看来不是那么好摆弄啊！"

是的，油锯不但向马永顺发了"脾气"，工组其他伐木工使用油锯也遇到了麻烦。两名工人愁眉苦脸地来找马永顺。

"不知咋回事，我这台油锯一伐木就灭火，我一天拽坏了两根起动绳。"一名工人说。

"我这台油锯链子一点儿也不快，伐木时我劲儿没少使，就是不进锯，半天也没伐倒几棵树。"另一名说。

马永顺寻思一会儿说："这样吧，明天上山背着油锯，也带着弯把子锯。油锯好使，就用油锯，不好使，就用弯把子锯，反正不能影响生产。"

场长知道马永顺遇到了难题，便鼓励说："不是油锯不好使，而是你们没有掌握油锯使用与维修的技术。老马呀，你可千万别灰心，应该带领大家赶快学技术。"

马永顺感到场长说得很有道理，自己是工组长，在学技术上，应起带头作用。于是，他去请教田师傅，田师傅给他讲了一些机械原理，他听不懂。田师傅建议，要他找一些中学生学的物理书，从基础学起。马永顺回到家里，便翻箱倒柜，找起书来。

妻子王继荣奇怪地问："你把书都翻出来干啥呀？"

马永顺连头也不抬地说："场里试验使用油锯，我不懂技术，想找一找有关这方面的书。"可他找了半天，连一本也没找到。

王继荣见马永顺愁眉不展的，便安慰说："你们的情况我都听说了，使油锯总出故障，不会修理。我看你没文化，都45岁了，学技术有困难，就别逞能了。让年轻人干吧。你退下来，在场里当个勤杂工不行吗？"

马永顺摇头说："不行！我从旧社会到现在，当了二十多年采伐工，使用过快马子锯、弯把子锯，可做梦也没梦见过油锯。如今咱们国家大规模经济建设开始不久，就有了这样的好玩意，我就是想好好摸摸它呀！"

王继荣说："你的想法很好，可你的基础太差，就是找到书，也不一定看明白。咱们隔壁的刘小成两口子有文化，你过去请教请教，也许能找出一些门路。"

马永顺高兴地说："你说得很对！"便急忙向外走去。

刘小成两口子正在听收音机，见马永顺进来，就给他点烟、倒茶。

马永顺开门见山地说："我学用油锯，什么电路呀、油路呀，都一窍不通。你们两口子有文化，请教教我吧。"

刘小成说："我学过物理书上讲的电气、机械方面的知识。"他转身对妻子说："你找一找，还有没有这本书啦？"

刘妻从箱子里拿出一本物理书，递给马永顺说："这样的书你能看吗？"

马永顺翻开看了看，摇头说："不行，看不懂，你们给我讲一讲吧。"

刘小成说："我讲讲倒行，可这是慢工夫，远水解不了近渴。你现在急需油锯使用方面的书，可我这里没有。"

刘妻指了一下收音机说："刚才我听广播，说带岭林业试验局的采伐工孟照贵创造了油锯伐木先进经验，当上了油锯伐木能手。你最好去带岭找孟照贵取经。"

一句话提醒了马永顺，他两手一拍，笑道："对，就这么办！"他请示场长同意，便背上油锯来到带岭林业试验局，当天坐上森林小火车，到林场找到了孟照贵。

"我是铁力林业局伐木工马永顺，想学习使用油锯，现在向您拜师来了！"

孟照贵是个二十多岁的小伙子，谦虚地说："我就是比您多使用了几天油锯，师傅不敢当。您是林区的老把式，前几年我们场还曾派人向您学习弯把子锯伐木技术呢。"

"那是老皇历了，如今弯把子锯快要进历史博物馆了。"

孟照贵笑道："没有过去，就没有今天。您是全国劳模，伐木比我经验丰富，咱们还是互相帮助，互相学习吧！"

马永顺紧紧握住孟照贵的手说："只要你教会我使用油锯，不让我这个老伐木工掉队，你叫我干什么都行！"

当天晚上，在林场招待所，孟照贵就开始向马永顺讲解怎样使用油锯。他拿出一本《油锯伐木技术》说："这本书把油锯的使用、保养、维修都写进去了，你好好看看吧。"

马永顺接过书翻开看了一会儿说："有的我看不懂，请你向我多讲解。"

孟照贵说："可以，你先熟悉一下油锯的部件和性能。"说着便把油锯主要部件拆开，对每个部件的名称、性能，一一加以介绍。

马永顺牢记心里，把拆开的油锯部件组装上，不懂就问孟照贵，或翻书看。

夜深了，孟照贵说："今天咱们就学到这里，你休息吧，明天和我上山，进行油锯实地操作。"

可是，孟照贵走后，马永顺并没有休息。他把孟照贵讲的，一条一条地记在本子上。困了，就用冷水洗一把脸。

第二天，马永顺和孟照贵一上山，就被一帮工人围上了。大家知道他是"安全伐木法"、"四季锉锯法"的创造者，纷纷邀请他介绍经验。

马永顺不住地摇头摆手说："我是来向你们学习使用油锯的，你们却让我介绍经验，那可不行！"

孟照贵开玩笑地说："油锯伐木、'安全伐木法'和'四季锉锯法'都用得上，一点也没过时。马师傅，你要不向我们介绍，我们也不教你油锯伐木。"

马永顺笑呵呵地说："那好，咱们就在一起唠唠。"他指着旁边一个树座子，介绍伐木抽片加楔的一些具体方法。工人们问这问那，马永顺一一解答。

孟照贵用油锯做了伐木的示范表演，然后讲注意事项。马永顺一边听，一边牢记在心里，还在孟照贵的指导下，实地操作，发现故障，很快就排除了。

功夫不负有心人，经过二十多天的拜师学艺，马永顺基本上掌握了油锯操纵与维修技术。特别是在锉油锯链子方面，他运用了四季锉锯法，摸索出一些先进经验。他回到林场，通过勤学苦练，很快成为油锯伐木能手。林业局办油锯手培训班，请马永顺去当老师，不到两个月，全局就培训出一百多名油锯手。

育林英雄

➡ 总理教导记心间

★★★★★

1959 年金秋的一天，庄严雄伟的人民大会堂，红旗招展，五彩缤纷，更显得巍峨壮丽。这里正在举行一个隆重的会议——全国群英会。来自全国各地、各行各业、各条战线上的英雄豪杰，都在认真倾听党和国家领导人那振奋人心的讲话。

马永顺坐在台下心潮起伏，觉得全身充满了力量，恨不得马上回到小兴安岭，泼泼实实地大干一场。

正听着、想着，只见大会一名工作人员来到坐席中间，照他的肩膀轻轻地拍了一下，小声说道："马永顺同志，请您到休息室来一下。"

马永顺跟着那名工作人员来到休息室。工作人员把马永顺让进屋里，就悄悄地退了出来。

不一会儿，门开了，只见一位身材魁梧，面庞清瘦，重眉毛，大眼睛，稍微有些连鬓胡楂的领导同志，正微笑着朝他走来。

"你就是马永顺同志吧，我请你来谈谈。"

马永顺心里腾地一下亮了，眼睛里立即闪出了激动的火花："周总理，原来是您找我。"

周恩来总理握住马永顺粗糙的大手，亲切地说："马永顺同志，请坐，请坐。"

马永顺，这个出生在黑暗旧社会，历经九死一生的林业老工人，眼睛里噙满了热泪，不知道怎样坐在沙发上，也不知道怎样来回答周总理的话。

过了一会儿，才听周总理问："马永顺同志，你今年多大年岁呀？"

"总理，我46岁。"马永顺兴奋地回答。

周总理朗声地笑了，说："46岁，还是小伙子嘛，你是来自东北林区的劳动模范，你们林业工人是很辛苦的。毛主席对林业工作很关心，发出'绿化祖国'的号召。你们不光要多出木材，出好木材，支援国家建设，同时还要多造林，实现越采越多，越采越好，青山常在，永续利用！"

马永顺激动地说："我一定听党的话，好好地干，不光要伐木，还要多造林，为建设社会主义新林区出力！"

"对，对！"周总理用赞许的目光瞧着马永顺，停了停，又说："今天晚上要招待外国来我国参加国庆观礼的客人，请您来陪客。"

参加全国群英会的，只有少数著名劳模被邀请去陪外国客人，马永顺拿到大红请帖，这个看看，那个瞧瞧，大伙儿都很羡慕。

晚上，天安门广场华灯齐放，周总理在人民大会堂宴会厅里举行盛大国宴。马永顺同被邀请的劳模们，准时来到宴会厅，在第二区的饭桌上找到了自己的名字。

宴会厅里，金碧辉煌，喜气洋洋。88个国家的朋友欢聚一堂，黑种人，白种人，黄种人，高的，矮的，胖的，瘦的，穿红挂绿，披黑裹白，珠光宝气，仪态万方。

马永顺平生第一次见到这样的场面，看得眼花缭乱。他被安排陪非洲黑人朋友，开始还有点拘束，后来一想，是总理请自己来陪客人，便打消了顾虑。他喝酒被人称为"酒仙"，吃饭被称为'大肚汉'。可在这次宴会上，他却处处注意礼节，通过翻译，热情地向外国朋友劝酒劝菜。

同桌的一位外国朋友问："请问阁下，您是以什么身份来参加宴会的。"

马永顺很有礼貌地回答："我是伐木工人，中国是人民当家做主的国家，我是以中华人民共和国主人身份来陪同阁下的。"

"好，顶好！"外国客人高兴地说。

这时，人们站起来，涌动起来，说着笑着，互相敬酒，互相祝贺。宴会厅里洋溢着一派热烈而祥和的气氛。

同席的人推举马永顺到前面给总理敬酒。马永顺怀着崇敬的心情走到周总理面前，郑重地斟上了一杯酒。

周总理立即认出了他，笑道："噢，小马敬酒来了，好吧，咱们碰杯！"

随后周总理给马永顺斟上一杯酒，用慈祥的目光注视着他说："小马，这杯酒请你给林区工人带回去吧。"

马永顺一下子愣住了，心想：带回去，怎么带？一刹那，他恍然大悟，看着周总理那爱护和期待的目光，接过酒，眼角闪着激动的泪花说："总理呀，我一定把您老人家的心意带回东北大森林，带给广大林业工人！"说完，高高举杯，一饮而尽。

这酒啊，那么香，那么沁人肺腑！马永顺立刻有一种温暖、舒适、振奋的感觉，心里呀，荡开了汹涌的波涛。

参加宴会回来，马永顺一走进住宿的京西宾馆，就粗门大嗓地嚷嚷起来："我代表国家陪外国客人赴宴！我代表林业工人给敬爱的周总理敬酒！这不是在梦中，这都是实实在在的呀……"

　　参加全国群英会的黑龙江省劳模都住在这里，大伙呼啦一下子把马永顺围上了。有几位不住地问：

　　"老马，你这回可开了眼界，说说都有哪些感受？"

　　马永顺像喝醉了酒似的，满面红光，美滋滋地说："新奇事见到了，感受也更多。首先我向大伙提个建议，今后和我谈话，请把'老'字去掉，叫我'小马'。如能叫'小伙子'，我更愿意听！"

　　人们你看看我，我看看你，不知马永顺在搞啥名堂。有人用胳膊肘捅捅马永顺，幽默地说："你都50沾边的人了，受到周总理接见，又参加一回国宴，莫非返老还童了？"

　　马永顺头一点，眼一眨，哈哈大笑道："你算说对了，我真的年轻了！'小马'、'小伙子'的称呼来头不小哇，是周总理'命名'的！"接着他把周总理接见时称他"小伙子",宴会时又叫他"小马"的情景绘声绘色地讲了一遍。大家纷纷鼓掌祝贺,还有人左一个"小马",右一个"马小伙"地叫了起来。一位50多岁的劳模走过来,紧紧拉住马永顺的手说:"你从'老马'一下子变成了'小马',成了年轻人,今后在实际行动上是不是也要有新的作为呀?"

"那当然有新作为啦!周总理向我们林业工人提出要求,不但要伐好木,还要多造林,实现青山常在,永续利用。今后我就照总理说的去做!"马永顺瞧着大伙,下保证地说。

马永顺心里像着了火,白天开会坐不住,晚上睡觉睡不稳,恨不得长出翅膀,飞回林区,照总理说的大干一场。

开完群英会,马永顺回到铁力,局领导打算给他接风,安排晚上会餐,饭后看电影。可马永顺收拾收拾,"餐"不会了,电影也不看了,抬腿就回到了林场。

当天晚上,林场俱乐部里灯火辉煌,锣鼓喧天,"马永顺参加群英会胜利归来联欢会"在这里召开。

马永顺笑呵呵地走上台,站在话筒前,挥动着两只大手说:"我小马现在向大伙汇报全国群英会盛况。"于是,马永顺讲出席大会观感,谈周总理接见,表今后的决心。讲着讲着,激动的热泪盈眶出,幸福沁透了马永顺的整个身心……

讲完了,马永顺忽然一本正经地说:"为感谢领导和职工欢迎我归来,我小马给大伙儿唱支歌。这支歌是我新学的,唱不好,献丑了。"于是,他用手打着拍子,放开喉咙唱了起来。大家原以为,他又是唱民歌小调,谁知,他唱的是:"我们年轻人,有颗火热的心……"没等唱完,全场就响起雷鸣般的掌声。

采育结合走在前

★★★★★

从北京回来，马永顺昼思夜想的是，如何实现周总理的教诲"越采越多，越采越好，青山常在，永续利用"。近几年，他亲眼见到场里盲目推广外来经验，搞大面积砍伐，绿树葱茏的青山被一片片地剃了"光头"。他想，这么搞下去，不要说永续利用，就是当前也快没树可采了。因此，他一次又一次地向局里、场里呼吁，要搞好植树造林，要实行采育结合。

马永顺决心用自己的实际行动，为促进青山常在贡献力量。他想上山造林，可场里每年只有春季集中搞一次造林，如今季节已过。想来想去，他感到场里在采伐、集材中损坏幼树的现象比较严重，应该尽快解决。于是，他每天老早就上山，一有时间就爬上这座山，登上那个岭，像寻找什么东西似的，星期日也不休息。

"马永顺又要搞新名堂了！"人们都在奔走相告。

很快，马永顺同职工在一起，按照合理采伐的要求，从本场实际情况出发，参照外地经验，使采育结合的采伐方式试验成功了。大批幼树被保存下来了，有的采伐小号基本上不用造林，补补"天窗"就可以了。这个采伐方式，受到了场领导的重视、职工群众的欢迎。

然而，一个新的采伐方式的出现，人们不是一下子就能接受的。有个别青年工人对保护幼树，常常嘴上说得好听，做起来马马虎虎。

一次，马永顺看到有个青年拖拉机手在集材时，不小心碰倒了一棵红松幼树，便急忙走到跟前，几乎整个身子俯下去，用手轻轻将小红松扶起来，在根部培上了土，用脚踩了又踩。

他心疼地说："红松是小兴安岭珍贵树种，生长很慢。这棵小红松起码长五年以上了，万一碰死，太可惜了！"那声调，那神态，好像碰的不是小树，而是他的心。

那拖拉机手嘻嘻哈哈地笑着，满不在乎地说："林子里的大树有的是，您不要费那么大的劲儿扶它了，今后我集材时多加小心就行了。"

马永顺脸刷地变了，嘴唇颤抖着，好一会儿才说出一句硬邦邦的话："小伙子，可不能吃祖宗的饭，造子孙的孽呀！现在碰倒的是一棵小树，将来就是一棵栋梁材，你知道它在国家建设中能起多大的作用吗？"说到这儿，他忽然想起什么，摘下身上背的一个水瓶，打开盖，就往小树的根上倒。

"在山上找水困难，倒不得呀！"那拖拉机手急忙制止说。

"怎么倒不得？"马永顺倒完了水，在裤子上蹭了蹭手说："小树受伤了，比咱们更需要水啊！"

那拖拉机手脸红了，心服了，说："对，一定把这棵小树救活！"也急忙把自己带的一瓶水，哗哗地一下子倒在小树的根上。

马永顺瞧着水激起一阵小水泡，渗进松软的泥土里，笑道："小伙子，知错就改，好！"

还有一次，一个青年伐木工人打好了安全道，摸起油锯，正要采伐山坡上的一棵大榆树，忽然耳边响起热情爽朗的声音："喂，请锯下留情！"抬头一看，只见马永顺从山下大步流星地走过来。

原来，那个青年伐木工要采的是一棵歪脖子榆树，根据它的弯度是横山倒。可是，就在树倒方向那边有三棵一米多高的幼树，榆树一倒，三棵幼树非砸死砸伤不可。那个伐木手本想改变树倒方向，保护三棵幼树，但他是新手，技术不熟练，怕出危险，于是就想按横山倒采伐。

马永顺围着那棵榆树看了一会儿笑呵呵地说："来，咱们想想办法，改变一下树倒方向，把那三棵幼树留给子孙后代。"

"我这两下子不行啊，怕掌握不好树倒方向有危险！"那伐木工为难地说。

马永顺操起油锯说："你给我当助手，让我来试试。"它采取抽片加楔的方法，一连打了五六十大锤，只听"扑通"一声巨响，那棵榆树驯服地顺山倒下，震得那三棵得救的幼树摇动着树枝，仿佛在向英雄招手致意。

接着，马永顺向那个伐木工人详细地介绍了改变树倒方向的一些操作要领。

那个青年伐木工紧紧握住马永顺的手，感动地说："今后我一定向您学习，在伐木中保护好幼树。"

林业局的一位摄影爱好者，有一次拍下了马永顺爱护幼树的一个镜头，以"苍松不老幼苗新"为题，参加了黑龙江省摄影艺术展览，受到好评。

第二年4月，报春花张开翅膀，山岭上冰化雪消，植树造林的季节到来了。一直安心从事伐木生产的马永顺，忽然要调换工种，找到林场场长，要求上山造林。

场长说："植树造林是营林工人的事，你采伐经验丰富，就一心搞好木材生产吧！"

马永顺说："周总理和我握手，要求林业工人不但要多生产木材，还要多栽树。我满口答应了，哪能回来就站在一旁看热闹呢！"

场长笑了，说："林业生产工序多，林业工人也是有分工的。你们工组最近几名熟练伐木工输送到其他工组，你要去造林，伐木生产不是要受到损失吗？我认为，只要营林工人多栽树，也就等于你多栽树了，你不是站在一旁看热闹。"

马永顺一想，对呀，自己要天天上山植树造林，伐木生产就会受到影响。因此，他不再要求调换工种了。

可是，周总理的一番话，马永顺一直铭记在心。荒秃秃的山岭，不时地映入马永顺的眼帘。他虽然看到场里落实周总理指示，组织营林工人多栽树，但往深处一想，这毕竟不同于自己亲手栽树。

"我小马现在成了业余造林员！"马永顺风趣地说。

他1969年刚一开始栽树，就赶上全国受到自然灾害，食品短缺，人民生活困难。马永顺白天伐木，起早贪黑栽树，累是累不倒的，可是吃不饱，马永顺再强壮的身体也不行。有段时间，上山带饭没有干粮，老伴王继荣就给他带些蒸熟了的土豆。他吃得犯了胃病，身体明显地消瘦了。

场长关心地对马永顺说：“吃得不足，你应该注意身体，不要再在工作时间栽树了。”

马永顺把嘴巴挨到场长的耳边，动情地说：“近一个时期，我常琢磨，小兴安岭伐的多，造的少，生态失衡，我也有责任。因为我过去采伐的树比谁都多呀！”

场长意味深长地瞧着马永顺，摇摇头说：“你们过去根据上级的部署，多采伐木材支援国家建设是正确的。林区生态平衡是多方面原因造成的，哪能让伐木工人负责呢！”

马永顺望着一片伐光了的远山，感慨地说：“虽然不能要伐木工负责，可我总觉得我多伐木既是贡献，也是欠下了大山一笔‘账’呀。我计算一下，我以前大约采伐了36500多棵树，今后我要上山栽树，还上这笔账。”

场长感动地抓住马永顺的胳膊，使劲儿摇晃着说：“你对子孙、对未来高度负责的精神十分可贵。可是，你是林业战线的功臣，没有欠账，用不着补过，去栽树‘还账’！”马永顺倒背着手，望着那连绵起伏的远山坚定地说：“你说不欠账，我小马可要当一笔‘账’来还！”

从这以后，在春季造林的战场，常常看到马永顺那高大的身影……

骏马萧萧自奋蹄

★★★★★

1982 年秋天，年事已高的马永顺正式从工作岗位上退了下来，光荣地退休了。这位在林区劳动了近半个世界的老英雄，如何回家安度晚年，亲朋好友们都很关心，纷纷来看他。

朋友们说："你过去对林区建设做了那么多贡献，也应该好好歇一歇了。没事钓钓鱼，打打麻将，到工会活动室玩一玩。"

马永顺笑了，说："你们劝我老有所乐，这很好。可有笔'账'我没还完，还要继续和大山打交道。"

原来，马永顺在岗时，虽然坚持植树造林，但是，还采伐"欠账"，由于义务劳动，大多是在工余时间干的，退休时他一计算，只完成 28000多棵，还差 8000 棵没有还上这笔"账"。

听了马永顺说的，不少人劝他：

"你本来没有'欠账'，也从来没有人让你还，何必那么认真？"

"你退休了，就是'欠账'也算还完了。如今你年岁大了，腿脚不灵便了，不要再上山造林了！"

马永顺大手一挥，一本正经地说："周总理要我多造林，我连自己的'欠账'都没还完，那叫啥多造林？我向大山许下愿，就是欠一棵，心里也不安啊！"

第二年5月，春季植树造林开始的时候，马永顺来到建设森林经营所，拎起苗木罐就要山上。

所长劝阻说："老英雄啊，你来了，就是什么也不干，也给大伙儿鼓劲儿了，请你在招待所休息吧，晚上我请你喝酒。"

"谢谢你的好意，我不是来做客的，也不是来看热闹的，我只想上山栽树。"

所长见马永顺坚持上山，便说："造林小号离所远，路不好走。苗圃里活很多，你去那里协助干点儿什么吧。"

马永顺还在犹豫，被几个小伙子拉拉扯扯走进了经营所附近的苗圃。

苗圃很大，面积有一百多亩，培养的幼苗有红松、云杉、落叶松、水曲柳等。一群小伙子和姑娘们正在起苗、运苗、选苗，为上山植树造林的工人们提供优质树苗。

马永顺看了看，起树苗这个活儿劳动强度大，用铁锹或二齿子挖圃地上的树苗，既要不伤根，还要不停地蹲在地上挖。马永顺摸起一把铁锹，就和正在起苗的几个小伙子干上了。

"您老年纪大了，还是去选苗吧，那里轻闲。"一个小伙子往一群正在挑选苗木的妇女那里指了指说。

马永顺笑着打量那小伙子一眼，风趣地说："怎么，你嫌我老了？告诉你吧，我在岗时是'小马'，退休了还是'小马'。你们小伙子能干的，我就能干，保证不比你们干得差。不信，咱们就试试。"他一边说，一边不停地起苗。

起苗这种活一蹲就是几小时，腰酸腿疼，连青年人都打憷。所领导知道马永顺有腰痛病，劝他干点别的活，可他说啥也不肯。三个小时过去了，马永顺没有歇一歇，汗水湿透了衣服，手也裂了口子，但他仍然继续干，并且一直领先。

马永顺一边起苗，一边检查起苗质量。他发现有两个青年干活毛糙，水曲柳苗床的树苗没起净，就默默地在后边捡了起来，不一会儿就捡了五十多棵。

他走到起苗的两名青年跟前，指着捡的树苗语重心长地说："今年咱们局造林任务重，有的单位缺树苗。你们起苗可要精心，不能白白地扔掉一棵好树苗啊！"

短短的几句话，说得两个青年脸上火辣辣的，立即回到起过的苗床，把丢掉的树苗一棵一棵地捡起来。

这时，那个劝马永顺选苗的小伙子走过来。向马永顺抿嘴一笑，伸出大拇指说："看来姜还是老的'辣'，我算服您老人家了！"

在建设经营所干了两天，马永顺来到卫星经营所。这回他下决心不到苗圃干轻活了，一定要上山造林。谁知，他患了牙疼病，疼得一宿也没睡好觉。

所领导和职工们见马永顺牙疼得连饭也不敢吃，都劝他在招待所休息，不要上山了。马永顺哼哼哈哈答应了。可是，他听说林场学校组织学生上山造少年林，就不声不响地跟在后面。

校长发现了他，高兴地说："老英雄来了，太好了！你就给我们当这次造林的技术指导吧。"

"好，我一定教会孩子们栽好树苗！"

上了山，马永顺不是指导这个学生如何刨坑，就是告诉那个学生怎样栽树苗。他亲自给孩子们做样子,一连栽了5棵树苗。

"小朋友们,植树就像栽自家菜园地里的秧苗那样,要碎好土,不窝根,培得实。"马永顺手把手教不会植树的学生,好的表扬,差的帮助。

在他的帮助下,这天学生们造的少年林,合格率达到95%以上。

现在,马永顺不管干什么,都始终把如何搞好造林"还账"这件事放在心上。每当人们在一起谈起森林资源减少,生态失去平衡时,他心里就隐隐作痛,一种负疚感时时折磨着他。

有位老工人和马永顺开了句玩笑:"以前记者报道你'踏遍青山人未老'。现在再上山看看吧,你把青山都踏光了!"

说者无心,听者留意,马永顺越琢磨心里越不是滋味。是啊,当年做伐木工时,要能想着将来,不过量采伐,并向领导提个醒,及时搞好造林,就不会像现在这样,铁力林业局可采资源减少了90%多,木材年采伐量由最高时的九十万立方米降至十几万立方米,出现了青黄不接的现象。

老英雄越想,"还账"意识越强烈。刚退休时,他认为到苗圃育苗,指导青少年植树,也可以代替还自己的一部分"欠账"。后来一想,树是自己砍的,也必须自己亲手去补偿,搞育苗等只能是义务劳动,不能用来顶"账"。马永顺对自己这么一严格,"还账"

的数字大了，时间也长了。

小兴安岭只适宜春季造林，有利时间较短。马永顺决定，先向大山还完"账"，再干别的。因此，他去林场，领导再动员他去苗圃干轻活，他说啥也不干了。

那次他去鹿鸣林场造林，场长对他说："造林小号离林场远，路不好走，还要过一条河。你一定要植树，就到林场的房前屋后栽一些吧。"

马永顺不住地摇头说："我以前都是在山上伐的树，欠的是大山的'账'，在房前屋后植树不算数。"说到这儿，他拍了拍胸脯又说："路远不好走不算啥，大伙能去，我'小马'就能去！"

果然，马永顺大步流星地走在造林队伍中，步伐稳健、有力。个别年纪大一点的工人，放快脚步才能撵上。

可是，前边的一条小河把他挡住了。正巧冰雪融化发桃花水，他踏不过去。河上横着一棵倒木，别人踩着倒木过去了。他拿着一捆树苗站在河边，想等别人都过完了，自己再慢慢过。

"你腿脚不灵，过独木桥有困难，把树苗给我吧。"一个小伙子要为马永顺拿树苗。

"我自己能拿，不碍事！"马永顺用草袋子包好树苗，一步一步踏着倒木向对岸走去。他毕竟腿脚不灵便，快到对岸了，脚下一滑，掉进河里，被水冲出十多米远，衣服湿个精透，可一捆树苗却没撒手。

马永顺爬上岸，人们都劝他回去休息，换换衣服，不要再上山了。马永顺拧一拧衣服上的水说："没关系，风一吹一会儿就干了。"说完，头也不回地往山上走去，坚持把带去的树苗全栽完了。

由于受了风寒，马永顺感冒了。回到家里，老伴王继荣见了心疼地说："别看你'小马'不离口，实际上早就是'老马'了，可别再逞能了。你一定要把'欠账'还完，就让子女们帮你一把吧。"

听了老伴的话，马永顺思绪万千。他想起与自己经常在一起开会的孟泰、马恒昌等老英雄都一个个谢世了。自己也蜡头不高了，说不定哪一天就去见马克思。如能让子女们帮助还上"欠账"，不仅可以实现自己的心愿，还可以促使家里人为实现青山常在做贡献。

想到这里，马永顺用赞许的目光瞧着老伴说："你给我出了个好主意，我同意你的意见，明年我就领全家人上山造林。"

1991年，马永顺已经是78岁高龄的老人了。年初，他掐指一算，还有近千棵没有还上过去的采伐"欠账"。春节，马永顺趁儿子、儿媳、女儿、女婿以及孩子们来看老人的机会，开了个家庭会。

"你们不是见我自己去'还账'心疼，要帮我一把吗，今天咱们就落实一下任务。我的意见，到时候，除了两个最小的孩子叫你母亲在家照看外，其他能干活的全上山。你们光帮我'还账'不行，自己也要做些贡献，多栽一些树苗。再有，不能影响本身的工作，要利用节假日上山造林。"

马永顺的话音刚一落，子女们七嘴八舌地议论开了。

"没问题，这几条我们保证能做到。"大儿子马春生说。

"我们要接好您老造林的班，今后要经常上山栽树。"二儿子马春青说。

马永顺兴奋得满脸乐开了花，端起酒杯大声说道："好，为打胜全家造林这一仗，咱们共同干一杯！"说完，一仰脖子就把一杯酒喝下去了。

5月5日，星期天，正当人们沉浸在假日欢乐之中的时候，马永顺率领由一家三代人组成的"马家军"——十六口人，乘车高高兴兴地来到离铁力二十多里的一个荒山坡上，营造落叶松树苗。

一到工地，马永顺就亮着大嗓门说："你们都过来，我给你们讲讲如何栽好树苗。"他见儿孙们把他围上，便比划着说了起来："以前有些地方植树造林，为啥出现一年青、二年黄、三年见阎王的现象，就是缺乏责任心，栽树时瞎糊弄。如今咱们可要当成自己家的活去干，按照造林规程栽好每一棵树苗。"接着，他亲手栽了几棵树苗，叫大家照着去做。

造林开始了，马永顺前面引路，由五对夫妻和孩子组成的造林小组，摆开阵式，互相比着干。他们有的刨坑，有的栽苗，干得热火朝天，连孩子们也不示弱。

大孙子马立斌坐汽车不小心，头皮刮破了一个口子，到附近卫生所上了一些红药水，就急忙来参战。他和马永顺结成对子，爷爷刨坑，他栽苗。

"你轻伤不下火线，好样的！"马永顺一边刨坑，一边夸孙子。

孙子说："我这是向您老人家学习。"

二儿子马春青近日患了感冒，大家劝他这次不要来了，可是他不肯。上了山，他就挥动三刃镐，不停地刨穴、栽树苗。

有人问他为啥这么积极，他沉默一会儿，自责地说："我上中学时，正赶上'文化大革命'。一次，学校组织学生上山造林，有些学生受无政府主义思想影响，不好好栽树，偷着往土里埋树苗。我也跟着干过，今天我来为爸爸'还账'，也是为自己'还账'，一定好好干，多栽几棵！"

马永顺干了一会儿，一回头，见14岁的外孙子张明明在栽树苗。

△ 马永顺教育儿孙关爱绿色、保护幼树

走过去一看，见有一棵栽歪了。"明明，这可不行！"马永顺拍着外孙肩膀说，"这样树长大了，就成歪脖子树。就像你们小孩一样，从小基础打不好，长大也很难成材。"说完，他手把手教张明明栽正树苗。

接着，马永顺又去各夫妻小组检查造林质量，发现有的树苗土培得不严实。他一边培严土，一边对家里人说："你们帮我'还账'，可不是做样子给别人看，一定要实打实凿地干，要栽一棵，活一棵。"

△ 马永顺同家人一起上山义务植树

　　子孙们都虚心听从马永顺指导，认真栽好每一棵树苗，发现不合格的，就立刻返工重栽。

　　有耕耘就有成果。奋战一天，一家人共栽了1500棵树苗，不光帮助马永顺还完了1000棵的'欠账'，每人也都做了贡献，为荒山抹上了几点新绿。

　　多年的"欠账"还清了，马永顺的夙愿实现了！他高兴得手舞足蹈，登上附近一座山的顶峰，望着苍茫的林海，放开喉咙，唱起了民歌《咱们林区风光美》。

下了山，许多老工友劝马永顺："这回你该歇口气，在家享享清福了吧！"

马永顺神秘地笑笑，悄悄地说："我让全家人上山造林，是怕自己万一有个三长两短还不完'账'。如今还完了，但那是人家替我还的，我计划年年上山，非要自己亲手还上这笔'账'不可！"

马永顺造林"还账"，在林区产生了轰动效应。铁力林业局和局工会领导给马永顺送去一块写着"老英雄，新贡献"的金字匾，向马永顺表示祝贺。黑龙江省森林工业总局党委书记余弘达看了报道马永顺造林"还账"的新闻，作了批示，号召大力宣传马永顺无私奉献的精神，并派人到铁力总结马永顺的事迹。国家林业部部长徐有芳同志挥毫为宣传老英雄业绩的纪实文学《马永顺的故事》一书题词："林业工人的楷模。"

职工们学英雄，见行动。1991年的春季，掀起了群众性植树造林新高潮。尤其令人高兴的是，不少老伐木工人提出以老英雄为榜样，上山造林，还自己的采伐"欠账"。

听到这些消息，马永顺心情无比激动。他听说卫东林场马永顺工组5月初就上山造林"还账"了，决心前去助一臂之力。5月8日下午，他花6元钱买了进山的客车票，登上公共汽车，奔向密林深处的卫东林场。

夕阳的余晖把天际烧得一片火红，满目青山披上了一层橘红色，郁郁葱葱的大森林充满了活力，显得特别富有生气。

马永顺到了卫东林场，下了汽车，迎着如火的夕阳，兴冲冲地向一个新的高峰攀去。你看，晚霞把他那饱经风霜的脸映得红通通的。这位耄耋之年的老英雄，步伐仍然迈得很坚实，很有力！

➡ 只留青山在人间

★★★★★

1994 年 10 月 28 日，中共伊春市委副书记魏秉仁同志受省委领导的委托，来到铁力林业局向马永顺转达了江泽民总书记的问候："马永顺同志很了不起，代我向马永顺同志问候。"

81 岁的林业老英雄马永顺激动万分，笑声朗朗，他那饱经风霜的脸上，流下了一串喜泪。

"我是名普普通通的伐木工人，只因偿还了一笔'欠账'，就受到江总书记的夸奖。这不仅是我个人的光荣，也是林区广大职工的光荣啊！"马永顺紧紧握住魏秉仁的手激动地说。

总书记的问候，如阳光洒满全身，如清泉流过心田，马永顺感到身上增加了无穷的力量。他在伊春市召开的"学习马永顺精神"大会上，挥动着两只大手，亮着大嗓门儿说："我'小马'身上的零件还完整，只要我不停止呼吸，身子骨不散花，我就还要上山造林，为子孙后代造福！"

开完会，马永顺大步流星地回到家里，兴冲冲地对老伴王继荣说："你赶快打电话，让儿子、儿媳和女儿、女婿们来开家庭会。"

马永顺兴致勃勃地说："江泽民总书记向我问候，也是向我们一家人提出了更高的要求。我已经下了决心，生命不息，造林不止。"

话音刚落，马永顺的老儿子马春生站起来说："咱爸以前上山造林'还账'，没有固定的场所，所造的林没有连成片。后来领我们全家上山造林，也东一块西一块，很分散。如今林区开展向咱爸学习活动，我们当子女的要走在前面。我建议，在山上建立固定育林基地，形成规模，既要栽好树苗，也要勤抚育，做好管护工作。我们不但要接好他老人家植树造林的班，还要子子孙孙一代一代传下去，长期为大山添新绿！"

"建立育林基地这个办法好，我们赞成！"大家纷纷发言，一致同意马春生的建议。

王继荣听了子女们的发言，也坐不住了。她对马永顺造林"还账"非常支持，前几年子女们上山造林，老儿媳和老姑娘的孩子小，脱不开身，她就在家给看孩子，让两人一心无挂地上山。现在她急忙插话说："如今两个孩子都六七岁了，明年春天你们上山造林，我要把他俩带去长长见识。我也要同你们一样，在咱们的育林地上栽上一些树苗。"

"好啊，我妈也要去'还账'了！"老儿媳孙秀琴开了句玩笑。马永顺6岁的孙子马立新，蹦蹦跳跳地来到爷爷的面前。马永顺拉住孙子的小手，笑着问："你长大了能不能接爷爷的班，上山造林？"

"能！"孙子歪着小脑袋回答。

说干就干，尽管已进入寒冷的冬季，马永顺不顾子女们的劝阻，决

△ 马永顺造林基地的树木苗壮成长

定亲自上山，选择育林基地，为明年春季造林做好准
备。

11月10日，西北风冷飕飕的，大地上铺上了一层
白雪。一大早，马永顺就穿上棉衣，精神抖擞地坐上
汽车，去他长期工作过的卫东林场。

汽车刚一进卫东林场的施业区，马永顺突然对
司机说："请停一会儿，我有点儿事。"他下了车，迈
开大步往路边的一片人工林走去。进去后，又像寻找

什么东西似的，东瞧西看起来。同车的人都很纳闷，不知他在看什么。有人不解地问："马老，这小树有什么看头呀？"

"哈哈，有看头！"马永顺用手轻轻地抚摸着一棵又一棵小落叶松，仰着脖子大笑起来，"今年春天，我在这里栽了一百五十多棵树苗，你们看，全都成活了，也长高了，多么招人喜欢！"

这些成活的小落叶松，在微风的吹拂下，树枝摆动着，仿佛一群胖娃娃，向老英雄招手致意。

马永顺心里甜丝丝的，看着看着，又爽朗地笑了起来。

正笑着，忽然远处传来一阵"哧哧哧"的油锯伐木声。马永顺好奇地走了过去，只见一名青年油锯手在伐木。

马永顺见树倒了，走到那青年伐木手跟前，用商量的口吻说："小伙子，把油锯给我用一下。我好多年没伐树了，让我伐一棵树，过把瘾。"

那油锯手一看林业老英雄要伐树，不住地摇头摆手说："我可不敢让你老人家伐木，你年纪大了，万一磕着碰着，领导要批评我的。"

马永顺一拍胸脯，大声笑道："你就放心吧，我'小马'是老伐木工，又是"安全伐木法"的创造者，怎么能磕着碰着呢！"

说着，马永顺接过油锯，带上安全帽。他像从前当伐木工那样，打好安全道，将油锯往一棵松树根上一搭，只见白花花的锯末立即在他手下飞舞起来。不一会儿，伴随着那洪亮的喊山声，这棵红松就"扑通"一声倒在山坡上了。

"真是雄风不减当年！"在场的人纷纷鼓起掌来，向老英雄祝贺。

那青年油锯手走过来，握住马永顺的手亲切地说："您是伐木老前辈，经验丰富，快教教我锉锯吧。"

于是，马永顺便手把手教那青年油锯手锉锯，介绍怎样提高伐木效率，掌握树倒方向，保护好幼树。两人唠得热热乎乎。

离开时，马永顺盯着那青年油锯手问道："你当伐木工，欠没欠下大山的'账'呀？"

"不欠，不欠！"那青年油锯手嘻嘻地笑着说，"近两年，我们开展向你老人家学习活动，冬天伐木，春天造林，采伐过的迹地全栽上了树苗，大伙都在为实现青山常在做贡献！"

"好样的，这么干就对了！"马永顺用手拍着青年油锯手的肩膀，爽朗地大笑起来。

为了选好育林基地的位置，马永顺先后走了卫东林场、北关农场、建设经营所三个地方。最后在有关部门的帮助下，育林基地确定在建设森林经营所 526 林班，占地 337 亩。

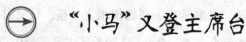

"小马"又登主席台

★★★★★

火热的骄阳，烤化了山岭上的坚冰、白雪，和煦的春风又吹绿了小兴安岭。

1995 年 4 月下旬，正当老英雄摩拳擦掌、准备在"马永顺林"里大干一场的时候，又从北京传来一条振奋人心的消息：中华全国总工会邀请马永顺以特邀代表的身份，参加 1995 年全国劳动模范大会。

这位在 1956 年就出席过全国劳模会的老英雄，做梦也没想到退休以后，在耄耋之年，还能到首都同全国新一代劳模坐在一起开会。马永顺激动极了，兴奋地对子女们说："你们给我张罗做一套西服，再买一条领带。如今是改革开放年代，我这个老'山炮'去北京也要适应新潮流！"

4 月 30 日，马永顺身穿西服，脚穿皮鞋，昂首阔步、兴高采烈地同全国各地劳模走进人民大会堂。他被请到主席台上就坐，党和国家领导人看得清清楚楚。

以前，在人民大会堂里，他不但参加过全国劳模会，还参加全国政协会、全国人代会、全国党代会，多次聆听过毛主席、周总理、邓小平等党和国家领导人的教诲，还与他们握过手。如今，人民大会堂陈设没有大的变化，可是，他东瞧西望，没有看到一位五六十年代的老劳模，在主席台前排就坐的也是第三代党和国家领导人。他感到既熟悉又陌生。是啊，只在电视上、报刊上见到过的江泽民总书记、李鹏总理等，现在就坐在自己的面前，怎能不使老英雄心潮澎湃、激动不已！

当江总书记站在讲台前，兴致勃勃地对劳模们提出希望和要求时，马永顺聚精会神地听，心中升起一种敬仰、鼓舞和奋发昂扬的感情。他想起不久前江总书记对自己的夸奖，激动的波涛撞击着心房，感情的浪花在胸中奔腾。他默默地在心里说："总书记呀，请您放心，我'小马'只要有一口气，就要为大山添新绿！"

这位建国初期的全国劳模，在改革开放的新时期又成了人们的学习榜样，在这次大会上，引起大家的瞩目。

一位年轻的劳模握紧马永顺的手说："我小时候就受到您的先进事迹鼓舞，通过向您学习，我也当上了劳模。今天见到您，心里真高兴！"

一位年龄大的劳模邀请马永顺一起合影，说："我要像您那样，一辈子争当先进。就是退休了，也要为人民做贡献！"

国家林业部把三十多位全国林业劳模请到部里，开座谈会。徐有芳部长首先向大伙介绍了马永顺，他说："老马当省和全国劳模已经有四十多年了，最近受到江总书记称赞，这也是全国林业劳模的光荣。老马是林业工人的楷模，大家都要好好向他学习！"

马永顺谦虚地笑笑说："我做得还不够，今天回到'老林家'来了，都是一家人，请多多指正。"

几天来，马永顺同开会的劳模们登天安门城楼，参观故宫，游览颐和园，心情特别舒畅。每到一处，大多数人对古迹、文物感兴趣，马永顺却围着那枝繁叶茂的苍松翠柏，看了又看，问这问那。

"您常年生活在深山老林里，怎么对那些绿树总看不够呢？"同行的人不解地问。

"是啊，不知咋回事，我见了树格外亲。特别是最近，我连做梦都梦见和大伙一起栽树！"

"是不是想起您在小兴安岭栽的那些小树啦？"

马永顺朗声笑道："你算说对了！当前正是我们那里植树造林的黄金季节。机不可失，我想早点儿回去，上山多栽几棵树。"

这位心系大森林的老英雄，5月6日，风尘仆仆地回到铁力，就立即张罗上山造"马永顺林"。

人们都劝他："你休息两天再上山吧。"

马永顺头一摇说："每年4月下旬我就上山了，今年已经晚了，可不能再拖了。"第二天他就手提苗木罐上山了。

消息传出去，伊春市委书记王东华、市长滕昭祥等领导同志和铁力林业局党委书记曹力卓，驱车来到"马永顺林"场地，和老英雄一起栽树。

王东华摸起三刃镐笑着说："马老，今天我们来和您一起造林，既是支持您造好'马永顺林'，也是来向您学习，请您前边带队，多多指导。"说完，便不停地刨起穴来。

马永顺容光焕发，拿起一棵落叶松苗栽到穴里，培好土，笑呵呵地说："林区造林流行着这样一首顺口溜：挖大坑，栽当中，培好土，踩实成。"说完，他又把这四个动作一一加以解释。

"大伙要照马老说的去做，要遵守操作规程，做到栽一棵，活一棵。"王东华擦了擦脸上的汗，提醒大家注意提高造林质量。

这时，滕昭祥走过来说："马老，我早就想和您一起造林。看我栽的行不行？"

马永顺看了看滕昭祥栽的树苗，笑道："栽得很好，一看就知道你造过林。"

这一天，大家栽了一千多株树苗。收工时，王东华、滕昭祥等领导同志一再叮嘱马永顺多多保重身体。

马永顺一拍胸脯笑道："请领导放心，我身体结实着哪！造林这个活，就得抓住有利时机，明天我们全家人都来这里造林。"

果然，5月8日，马永顺率领"马家军"——子孙三代人，一大早就来到育林基地，热火朝天地干起来。

马永顺的老伴王继荣领着小孙子也来了。她让孙子在一旁玩耍，自己和马永顺结成对子，马永顺刨穴，她栽树苗。

"我向你讲讲造林的技术要领。"马永顺一边干，一边比划着向王继荣讲解。

王继荣听了一会儿，噗哧一声笑了，说："这些话，你向他们年轻人说去吧。造林的要领我全明白，不用你教。不信，咱们就比试比试！"

的确，王继荣在林区生活了四十多年，也成了山里通，整地、造林、抚育都会干，而且都干得很出色。她当过林场家属妇女主任，还多次被评为局、市和省的模范家属。

"这么说，我隔门缝看人——把你看扁了。"马永顺开玩笑地说，"你既然会造林，那好，你就去检查一下造林质量，看大伙栽的树苗合不合格。"

王继荣一检查，发现了问题，儿子和儿媳，姑娘和女婿，都分散着干，没有结成队子，不利于提高造林质量。于是，她和马永顺商量，每家组成一个造林小组，分块承包，到时检查成活率，看谁干得好。

这个办法很好，增强了大伙的责任心，各家庭小组都互相比着干，谁也不甘落后。

收工时，马永顺逐块地进行了检查，栽的一千多棵落叶松树苗都合格。

马永顺春风满面，同全家人坐在山坡上野餐时，多喝了两杯酒。于是，他望着苍翠的群山，动情地喊唱起林区劳动号子。

一石激起千重浪。"马永顺林"像一面旗帜，在浩瀚的林海上空飘扬，广大职工群众植树造林的积极性空前高涨。仅铁力林区，就涌现出一批"青年林"、"劳模林"、"公仆林"，使许多荒山变成了绿洲！

△ 马永顺在山上唱起劳动号子

➡ 松涛一片绿春风

✦✦✦✦✦

春风吹绿了小兴安岭，冰凌花露出了金灿灿的笑脸。1996 年，春季植树造林的黄金季节到来了。

5 月 1 日，铁力林业局职工群众都以多种方式欢庆"五一"国际劳动节，大多数人在家休假。然而，老英雄马永顺却率马氏家族——三代、十八口人，喜气洋洋地乘坐大客车，来到建设森林经营所的南山坡，参加"马永顺林"纪念碑揭幕仪式，并同全家人再一次植树造林。

纪念碑矗立在马永顺以前营造的一片落叶松林里，紧挨他新建的育林基地，面向哈伊公路，交通方便，过往行人都看得清清楚楚。

上午 9 时，"马永顺林"纪念碑揭幕仪式开始了，伊春市和铁力林业局的许多职工，纷纷赶来祝贺。市长兼林管局局长滕昭祥同志走上前，轻轻地揭下碑上的红绸子，只见用黑色大理石制作的、4 米多高的纪念碑立刻呈现在人们的面前。碑上"马永顺林"四个金色大字，在阳光的照耀

△ 马永顺上山去植树

下熠熠生辉，显得分外地峻峭庄严。

市委副书记魏秉仁讲话说："马永顺爱林育林，无私奉献艰苦奋斗精神，早就在人们心中竖起一座丰碑。如今建立了纪念碑，必将进一步激励广大林业工人搞好造林绿化，促进林业的振兴！"

83岁的老英雄马永顺，眼含热泪，万分激动地说："江总书记夸奖我，你们又给我们基地建了纪念碑，我代表全家表示感谢！我'小马'已经多次说过，只要不停止呼吸，就年年上山造林。我的儿孙们，也要一代一代在这里培育新林，为青山常在，永续利用作贡献！"

揭幕仪式结束后，伊春市和铁力林业局的领导同志，同马氏家族成员一起，兴致勃勃地开展了营造落叶松树苗活动。人们都知道马永顺近来身体不佳，都劝他不要干了，站在一旁指导大伙儿造林就行了。

"我患的是小病，没事。光站着看不干，当不了指导。"他摸起一把三刃镐，一边刨坑，一边教孙子、孙女们栽好树苗。

小孙子马立新，刚刚才7岁。前些天，他就张罗和爷爷上山造林。今天早晨出发前，他妈妈孙秀琴对他说："你去了也不能干，还得照看你，就不要去了。"

马立新"哇"地一声哭了起来，说："我能干，我一定要去！"

马永顺急忙拉住孙子的小手说："别哭了，我领你去，我教你栽树苗。"

到了工地，马立新围着爷爷身前身后转，大声嚷嚷着，非要栽树苗。马永顺把着孙子的小手，栽了两棵树苗。可孙子还要刨坑，抢过三刃镐，就刨了一个坑。

马立新毕竟人小力薄，坑刨得很浅。马永顺接过镐，往深刨了几下，对孙子说："你也和大山有了感情，长大了，你就来经营这片林子行不行？"

孙子蹦蹦跳跳地说："行！"

大孙女马丽娜是马氏家族第一个大学生，去年从长春农行干部管理学院毕业，被分配到松花江农行工作。今年"五一"，行里只放了一天假。

可是，为了向爷爷学习，参加全家造林，她特意请了两天假。今天一上工地，她就不停地干了起来，刨了一会儿坑，就去栽树苗。

干了一会儿，她把爷爷找来，让他检查质量合不合格。马永顺见有的树苗根部土培得浅，便指点说："根深才能苗壮。就像你们青年人，从小就得打好基础。"

马丽娜说："爷爷说得对，我返工重栽。"说着便把树苗根部栽深，培好土，用脚踩实。

马永顺高兴地说："我大孙女虚心学习，将来一定能成才！"

收工时，马永顺又来到"马永顺林"纪念碑前，上上下下深情地看了一会儿，然后两眼盯着山坡上那正在拔节吐叶的落叶松林，喃喃地说："树绿了，山青了……"

1996年6月29日，马永顺去哈尔滨参加了黑龙江省劳动模范协会成立大会。30日上午，他刚一回到家，就接到铁力林业局局长杨国栋打来的电话，要他立即去双鸭山市参加省委在那里召开的庆祝中国共产党成立75周年座谈会。

马永顺心里很纳闷，问杨国栋："这么大的会为啥在双鸭山召开？为啥叫我参加？"

杨国栋1995年任局长后，率领全局职工开展向马永顺学习活动，深化改革，勇闯市场，使企业经济复苏，面貌一新，省里让他同马永顺一起去参加座谈会。但是，他也不知道这次座谈会的具体内容。

杨国栋猜想地回答说："是不是中央领导同志来到双鸭山，要参加座谈会，同基层党员共庆'七一'啊？要你去，大概是要接见你吧？"

到了双鸭山，马永顺听到了准确消息，中共中央政治局常委、国务院总理李鹏专程从北京来到祖国北疆，特意请来老劳模、老党员以及有关方面的负责人，想听听大家的心里话。马永顺以前十多次去首都北京，同党和国家领导人坐在一起开会。而参加现在这样的会，他有生以来还是第一次。因此，他心里非常激动，暗暗在心里构思了发言的内容，并打算座谈时抢个头条，向总理表表决心。

7月1日9时50分，李鹏总理和姜春云副总理在省委书记岳岐峰的陪同下，满面笑容地走进会场。会场立刻响起一阵掌声。马永顺目不转睛地看着李鹏，两只手使劲儿地鼓掌。会议室里气氛热烈而欢快。总理同大家围坐在椭圆形的桌子旁，马永顺就坐在总理对面，总理的一举一动都看得清清楚楚。

岳书记主持会议，向总理一一地介绍了参加座谈会的人员，会场响起长时间的掌声。然后大家热烈发言，同总理亲切交谈。

马永顺果真头一个发言，他眼里闪着兴奋的光芒，笑呵呵地说："我是一名老伐木工，先后14次见到毛主席、周总理、邓小平等党和国家领导人。今天李总理来到黑龙江，同我们坐在一起纪念党的生日，我感到无比亲切，又一次体会到党对人民群众的关怀。"接着，他介绍了自己退休后坚持造林"还账"的情况以及铁力林业局治危兴林所取得的成果。最后，他用高昂的语调说："我向李总理表个决心，共产党把我从火坑里救了出来，培养成为劳动模范，我要永远跟党走，只要不停止呼吸！就坚持年年上山造林，为实现青山常在贡献余热。"他一边说，一边瞧着李鹏总理。只见李总理也在笑眯眯地瞧着他，一边听一边做记录，不时地向他投来赞许的目光。

大家发言完了，李鹏总理兴致勃勃地讲了话。马永顺全神贯注地听，他把李总理说的"黑龙江是块宝地，木材产量居全国第一，要战胜困难，重振雄风"，牢牢地记在了心里。

座谈会结束，李鹏等领导同志又接见了马永顺、杨国栋等参加会议的人员。马永顺走在前,紧紧握住李鹏总理的手说:"总理,您好啊!"总理微笑着,握住马永顺的手不住地上下晃动。

这时,一位摄影记者走过来,要拍照。岳书记见马永顺背着脸,便大声提醒说:"老马,快把脸转过来。"马永顺把脸转到正面,只听"咔"地一声,拍下了这一难忘的瞬间。

马永顺同李鹏握完了手,想离开,让别人来向总理问候,被岳书记叫住了:"老马,来,咱们同总理在一起照张像。"

这正合马永顺的心意,高兴地说:"太好啦!"

照像前入座时,工作人员要岳书记坐在李鹏总理的身边,可岳书记让马永顺紧挨李鹏总理坐。

马永顺不肯坐,说:"那可不行,你是省委书记,那位置应该您去坐。"

岳书记拉住马永顺的手笑道:"您是老英雄,不要谦让,听我安排。"他硬是把马永顺安排坐在李总理的身边,自己挨着马永顺坐下。

李总理等走出了会场,马永顺忽然想起1959年周总理在全国群英会上接见自己时的情景,眼泪止不住地流了下来。他一抬头,见全国劳模、宁安农场林业工人孙俊福走了过来,便急忙迎上去。

"参加这次会,我又一次感受到党的温暖。我已向总理表了决心,今后还要领家人多造林。您绿化荒山出了名,有什么高招,向我讲讲吧。"

孙俊福摆摆手，不好意思地笑笑说："您是老英雄、老前辈，我绿化荒山都是照您老人家学的，我哪有什么高招啊！"

说完，马永顺和孙俊福都哈哈大笑起来。这一老一新两位林业全国劳模，走出会议室，迎着那光芒四射的太阳，肩并肩地向前大步走去，每个人身上都闪着一派金光……

辉煌人生

赴俄领奖出国门

★★★★★

　　马永顺退休后坚持植树造林的动人事迹，引起黑龙江省环境保护局领导的重视。1997年初，他们在向联合国推荐"全球环保500佳"人选的时候，从各地市报来的名单中，一下子就选中了林业老英雄马永顺。省环保局副局长李北松、宣教处处长林强等，陪同国家环保局的领导，到铁力林业局考察，一致认为马永顺是最合适的人选。于是，他们把马永顺的事迹译写成英文、俄文和中文三种文字，报给了联合国环境保护署，很快就被批准了。这是黑龙江省第一位获此殊荣的人物。

　　1998年5月初，马永顺收到国家环保局的通知，要他做好准备，6月2日至9日去俄罗斯的莫斯科市参加1998年全球环保500佳颁奖典礼。消息传出去，马永顺的亲友和许多工友纷纷前来祝贺。铁力林业局的领导考虑马永顺已经85岁了，决定派他的大儿子马春山陪同前往，照顾他的生活起居。

5月30日，马永顺乘飞机来到北京，受到国家环境保护局领导的热情接待。我国1998年获联合国环保奖的个人只有马永顺，获集体奖的是湖南省长沙市望岳小学。赴俄代表团由8人组成，团长是国家环保局的隋小婵。

△ 马永顺赴俄罗斯参加联合国环境规划署授予的"全球环保500佳"荣誉大会

6月2日17时许，马永顺随代表团乘机从北京飞往莫斯科。

全球500佳颁奖典礼定于6月5日举行，3日这天，大会没安排活动，我国代表团决定组织大家参观莫斯科公园和近郊的自然保护区。

马永顺早就听说俄罗斯环保工作搞得好，每到一地，他最关心的是树木、花草、山水。走进自然保护区，他看到这里的森林生长得特别苗壮，有的树龄高达300年。他在林子里没有找到一棵倒树。又在新栽的小树旁看了又看，没有见到一名游人践踏的脚印。几名工人像伺候农田那样，用锄头在铲除森林中的杂草。马永顺高兴地说："我算服了，俄罗斯的森林保护工作搞得就是好！"

在公园里，马永顺看到一个俄罗斯老太太领一个四五岁的小女孩在小路上散步。小女孩走着走着忽然停了下来，在路边发现一个空塑料盒，急忙拾起扔进附近的卫生箱里。马永顺对儿子马春山说："这么小的女孩子就有环保意识，她也是咱们的榜样！"

中午，马永顺和马春山去一家餐馆吃饭，忽然从外面飞进一只鸟。餐馆的人很多，却没有一个人去捕捉。鸟在地上大摇大摆地走来走去。一名俄罗斯男青年拿食品喂它，它就不停地吃了起来。马永顺问马春山："你知道鸟为啥不怕人？"马春山爽快地回答："因为大家都爱护它，它和人交上了朋友。"马永顺爽朗地笑了，说："你说得很对。这件事虽小，却说明俄罗斯人环保意识强。"

联合国环境保护署一名德国籍女官员，提前到莫斯科做颁奖大会的筹备工作。马永顺来了，她主动去客房看望，并通过翻译在一起交谈。他见马永顺背不驼，腰不弯，精神饱满，惊喜地问："您老今年有85岁吗？"

马永顺回答："我是 1914 年出生，到今年虚岁 85 岁，这是不会错的。"她又问："您不老，看上去不像 85 岁的老人。您是怎样保持健康长寿的？"马永顺拍了拍胸脯说："我身体健康，主要是长期在大森林里劳动，精神上始终保持乐观，平时加强锻炼。"这位德籍女官员笑了起来，说："你们国家环保局把您的事迹写成三种文字，寄给了我们。您那么大岁数了，还坚持上山植树，偿还对大自然欠下的'债务'。看到这些，我都感动得哭了。"

6月4日下午，各国出席颁奖大会的代表到齐了。联合国副秘书长、环境署执行主任特普费尔主持会议，组织来自各国的获奖代表发言，交流经验。马永顺头一回在外国人面前讲话，没等讲心就"扑腾扑腾"地跳了起来。可他很快又镇静下来，心想，这不仅是我个人介绍经验，还是为国争光的发言，不能出现闪失。于是，马永顺便放开喉咙讲了起来。他讲一句，翻译就翻译一句。当他讲到退休后看到森林资源减少，生态失衡，坚持上山造林，还上了过去采伐"欠账"的时候，全场响起了经久不息的掌声，纷纷向马永顺投来敬佩的目光。

6月5日是世界环境日。联合国环境署举行了隆重的"全球环保 500 佳"颁奖典礼。联合国副秘书长特普费尔、俄罗斯副总统瑟苏耶夫、莫斯科市市长卢日科夫等领导人出席了大会。马永顺等获奖者被请到主席台上就座。大会开始，播放了联合国秘书长安南发表的电视讲话，宣读了俄罗斯总统叶利钦的贺信。接着，大会向来自23个国家荣获联合国环保奖的个人和集体颁发了荣誉奖（没有物质奖）。特普费尔给马永顺戴上了奖章，奖章只有小纽扣那么大，是金色的。瑟苏耶夫给马永顺颁发了获奖证书，证书只是一张16开纸那么大的硬卡片。卢日科夫向马永顺赠送了纪念磁盘，磁盘很精致，上面有两行英文。马永顺站在领奖台上，笑吟吟地向这些领导点头、握手。

颁奖仪式结束，由12名俄罗斯女青年装扮的小天鹅走上主席台，跳起欢快的芭蕾舞。演出当中，一名女青年拿着用一个大气球绘成的地球图案，走上主席台。莫斯科市市长卢日科夫在话筒前用动情的语调说："今年世界环境日的主题是：救救地球，救救海洋。朋友们，让我们都积极行动起来，拯救地球吧！"说着，他用手把气球做成的"地球"高高托起来。许多获奖者受到启示，急忙跑上去托"地球"。马永顺也快步走上前，向"地球"伸出了手。这时，两名俄罗斯少女手拿鲜花跑上主席台，向卢日科夫献上一束，向马永顺献了一束。马永顺走下主席台问马春山："不少获奖代表托'地球'，怎么只向我献了花呢？"马春山说："可能因你年纪最大吧。"

当许多俄罗斯朋友得知马永顺是中国的老伐木工人，因退休后上山栽树还采伐"欠账"，获得了联合国环保奖时，纷纷前来祝贺，热情地和马永顺握手、拥抱。马永顺心情特别舒畅，满面笑容地说着祝福的话。语言不通，就用手比划，逗得在场的人笑个不停。

6月10日，我国代表团乘飞机离开莫斯科回国。团长隋小婵对马永顺说：“咱们来莫斯科这些天，您与许多外国友人相处得很好，有了感情。道别时，他们可能用本国的礼节，同你拥抱、吻脸，有的女代表也会这么做。请您不要躲躲闪闪，不好意思。”马永顺笑笑说：“入乡随俗，我听您的。”

果然，许多外国的代表来同马永顺告别。有的留下了名片或通讯地址，有的和马永顺握手、拥抱，说一些恋恋不舍的话。一位来自南非的女代表，抱住马永顺就在脸上吻了几口。马永顺也用这种礼节回敬，吻了那女代表的手和脸。那女代表非常高兴，一再说"OK!OK!"

心里装着大山的马永顺，6月13日一回到家，就张罗上山去抚育他们全家人栽的树苗。可人们见他旅途劳累，比以前瘦了，一再劝说他休息几天。马永顺在家休息了几天，就再也待不住了。6月20日一清早，老英雄坚持要上山，四个儿子都来了，带上镰刀和锯，乘公共汽车到距铁力30公里远的"马永顺林"便挥镰舞锯地干了起来。杂草被清除了，落叶松树苗伸直了腰，露出了绿油油的笑脸。

→ 送宝上门取真经

★★★★★

7月5日，获得联合国环保奖的林业老英雄马永顺，应黑龙江省绿化委员会、省林业厅、省电视台的邀请，率领老儿子马春生、小孙子马立志，去哈尔滨参加宣传贯彻修改后的新《森林法》文艺晚会。

马永顺乘坐省绿委会派去的轿车，一到哈尔滨，就立即受到了省绿化委员会副主任、林业厅副厅长杨克杰、绿委会办公室处长傅文华等人的热情接待。在谈话中，马永顺听说新《森林法》对保护森林资源做出了严格的规定，高兴地说："这么做就对了。我听说个别地方打着搞活经济的招牌，出现违法毁林开荒的现象，使森林资源受到损失，这可要管一管。"杨克杰说："你说的现象确实在个别地方存在，我们要依法加大打击的力度。"

杨克杰听了马永顺近几年率全家人造林的

情况，高兴地称赞说："您老人家一生爱林、育林、护林，作出了突出的贡献，堪称遵守《森林法》的模范。这次我们把您请来参加晚会，就是号召全省人民都像您那样贯彻执行《森林法》。"马永顺谦虚地说："我做得还不够，我要进一步学好新《森林法》，不仅自己遵守，还要向别人宣传。"

这台晚会在省电视台《当代舞台》节目中播出，当老英雄马永顺在台上一出现，全场立刻就沸腾了。主持人用亲切高昂的语气介绍说："这位老人叫马永顺，是联合国环保奖获得者、全国林业战线著名的老劳模……"这时在座的人都不停地鼓掌，欢迎老英雄的到来。马永顺10岁的孙子马立志也被请到台上，接受了主持人的采访。小家伙大大方方，对答如流。当主持人问他长大了干什么时，他毫不犹豫地回答："接爷爷的班，上山栽树！"观众们听了又鼓起掌来。

马永顺正聚精会神地看节目，尚志国营林场局局长李耀民来到他跟前，热情地说："马老，多年来您老人家一直坚持植树造林，为绿化荒山作出了杰出的贡献。您的事迹特别感人，是宝贵的精神财富。为了教育我局职工，我想邀请您去我们那里作一场事迹报告，可以吗？"

马永顺刚要回答，省绿委会的傅文华急忙介绍说："尚志国营林场局是全国国有林场十大标兵之一。今年4月，温家宝副总理到那里视察，给予了很高的评价。李耀民局长也是一位先进人物，曾经参加了全国两个文明建设先进事迹报告团，到各地作过报告。"

马永顺听了非常高兴，拉住李耀民的手说："我准备参与办'马永顺林场'，不知怎么办。参加完这个晚会我就去你们那里，我的事迹没啥可讲的，要好好学一学你们局的先进经验。"

李耀民说："您老人家从俄罗斯领奖回来时间不久，又来省城参加这个晚会，一定很劳累了。您这么大年纪了，回家休息休息，过几天我派车去接您。"

7月10日，尚志国营林场局派车把马永顺接去。他上午向该局职工作了事迹报告，下午便提出到林场参观学习。在副局长李宝年的陪同下，首先来到了老街基林场。马永顺一下汽车，便感到耳目一新，林场庭院像个小公园，由外向里摆放着三层开满鲜花的花盆，中间的大花坛万紫千红，四周的青松翠柳枝繁叶茂。李宝年向马永顺介绍说："我局所属八个林场，场场庭院都是花园式的。"

在林场招待所休息一会儿，马永顺便乘车上山参观。在一个山岗上，汽车停下了。马永顺站在高处，看着环顾四周苍翠的群山，茂密的人工林，绿油油的大豆、水稻，远处的猪场、鸡舍，心情特别愉快。他见附近的一片落叶松林里长着大豆，便问这个场场长周明远："这是怎么回事？"周明远说："这是我们搞的林粮间作。从1991年开始，我们年年在采伐后的迹地上，既造林，又在空隙中种黄豆，做到了一举两得。"

马永顺对林粮间作很感兴趣，问了又问。周明远便详细地讲了起来："造林时，树苗的株距是1.5米，行距是2米。搞林粮间作，在行距间种大豆等农作物，可连续种三年。但不许种高棵植物，不许用农药，也不许用农机具。"马永顺连声称赞："林粮间作好，明年我们办的林场也要搞这方面的试验！"

第二天，马永顺又去苇河林场参观。一进家属区，他就目不转睛地观察起来，在各家各户门前，没有看到一家有木桦子的，堆放的都是打成捆的细树枝子。见了这个场场长谭继伟，马永顺便问："你们职工家里经常烧细树枝子吗？"谭继伟笑道："是的，我们把树伐倒后，除了树叶子扔在山上，其他全部利用。粗一点的枝条削木片，细枝条就作烧柴，每家每年分 400 捆。"马永顺长出了一口气说："我们那里有的林场没有做到这一点，看来要向你们学习呀！"

马永顺听谭继伟介绍说，他们是个有 300 多名职工的林场。可马永顺走进办公室，没有看到几名工作人员。于是，他又向谭继伟提出疑问。谭继伟说："我们场由上到下只有 10 名管理人员，领导一正两副。场长兼书记，副书记兼工会主席，还有一名副场长主抓生产。7 名工作人员是：技术人员 3 名，会计、出纳员各 1 名，其他 2 名。"马永顺又问："管理人员这么少，能干过来吗？"谭继伟笑笑说："我场原来管理人员 30 多名，领导就有 6 名。可干起工作来互相扯皮，效率并不高。如今减去三分之二，大家的责任心强了，各项工作做得都很好。"马永顺不住地点头说："你们的做法很好，我回去要好好宣传宣传。"

这个场五年前栽的迎春 5 号树苗，生长得特别快，如今已长到碗口粗了。马永顺被吸引住了，边看边摸边问。谭继伟说："这种树苗非常适合培育速生丰产林，很有推广价值。"马永顺迟迟疑疑地问："我明年造林，想栽一些迎春 5 号杨树苗，你们能不能卖给一些啊？"谭继伟爽快地回答："老英雄，您不用买，明年我送给您一些。"马永顺高兴地一拱手说："多谢了！多谢了！"

马永顺听说这个局的一面坡林场，有10万亩人工栽植的樟子松、落叶松已经成林，温家宝副总理来参观过，便提议去看看。由于连日阴雨，道路不好走，汽车几经周折，才来到这里。马永顺兴冲冲地走进去，见林子里没有杂草、灌木，樟子松、落叶松就像在绿色地毯上长起来的，郁郁葱葱，一望无边。他用手量了量，直径大多在20厘米以上，已经成材。他兴奋得像个孩子似的又蹦又跳，还放开喉咙唱起林区劳动号子。他紧紧握住这个场的场长张万荣的手说："在这里我看到了林区的希望，你们真正实现了青山常在，永续利用！"

从山上回来，马永顺走进这个林场的苗圃。盛夏，正是苗圃大忙季节，可是在一百多亩圃地上，马永顺没有看到一个人在拔草、松土。仔细观察，苗床里没有杂草，十多个树种的幼苗都长得十分茁壮。这是怎么回事呢？没等问，张万荣便讲起来："我们这个苗圃实现了五化：作业机械化、土壤优良化、喷水管道化、除草药物化、圃容花园化。过去一到夏天，每天出动六七十人在圃地上劳动，现在只有四名职工管理。"马永顺问："树苗长得这么好，一定施了不少肥料吧？"张万荣说："没有施肥，只是对苗床进行了改土。去年冬天，我们从30里以外的山上，运回六百多汽车腐殖土，彻底改造了苗床，树种播进去，小苗就健康生长起来。"马永顺感慨地说："怪不得你们场人工林培育得好，在育苗上也下了这么大的工夫！"

这天，尚志林场局局长李耀民也赶来陪同马永顺参观。他介绍说："我们局营造的人工林数量多，质量好，还有一个重要的原因，就是要求各林场在每年的成活率和三年的保存率上，都比国家规定的标准提高五个百分点。同时实行一票否决，达不到这一标准，不能评先进，不能得奖金。"马永顺激动地说："我这次没白来，你们的经验确实好！我不仅自己要学习推广，回去也要向我局职工作介绍，让它在我们那里开花结果。"

7月10日，马永顺又接受省绿化委员会、省林业厅的邀请，给这两个部门科级以上干部作了一场事迹报告。性格豪爽的马永顺，用风趣的语言，讲毛主席、周总理接见他的情景，说自己退休后是怎样坚持造林"还账"的，特别是绘声绘色地介绍赴俄领奖的观感。听报告的人笑声不断，掌声阵阵。

在这次事迹报告会上，马永顺被黑龙江省绿化委员会授予"黑龙江省特别绿化奖章"。省绿化委员会副主任、省林业厅厅长赵向东将一枚闪闪发光的奖章戴在马永顺的胸前，同时还发给马永顺1000元奖金。

黑龙江省绿化委员会号召全省广大林业干部、群众向马永顺学习，积极投身到"改造河山、建设家乡、绿化龙江"的伟大事业中来。

➡ 面对洪水讲真话

★★★★★

　　1998年入汛以来，马永顺从电视上看到长江、嫩江、松花江洪水泛滥，许多地方水灾严重，群众房屋和财产受到巨大损失，心里非常沉重，整天坐卧不安。8月初，他一拿到工资，就向灾区捐了款。

　　8月30日，马永顺接到通知，要他和铁力林业局局长杨国栋一起去哈尔滨。他心里很纳闷：目前哈尔滨的广大军民正在携手奋战历史上最严重的洪水，要我去省城干什么？

　　坐在火车上，马永顺不时地向窗外望去。当火车过了呼兰，他看到汹涌的大水淹没了村庄和大片农田，心里想，洪水泛滥，原因虽然是多方面的，但与森林过量采伐、植被受到破坏有直接的关系。自己是名老伐木工，砍的树比别人多，看来没有保护好林区生态环境啊！

　　到了哈尔滨，马永顺住进了花园村宾馆。当

晚，他听到一个振奋人心的消息：国务院总理朱镕基来黑龙江考察灾情，特地嘱咐省领导把他请到哈尔滨，要接见他。

老英雄心里又激动又不安。他想起自己按照周总理的教导，退休后坚持造林，向大山偿还一笔"欠账"。这本来是应该做的，却受到了江泽民总书记的夸奖。现在朱总理在百忙中来看望他。这不仅是对他一个人的关怀，也是对林业和生态建设的高度重视啊。一定要利用这次机会，向朱总理说说心里话。他思前想后，这一宿翻来覆去也没睡好觉。

8月31日上午，省森工总局的领导陪同马永顺乘车来到呼兰县利民镇沿江村一处遭受洪水袭击的公路上。一下车，就看到朱总理和省市领导正在这里考察洪水后的重建工作。

朱总理看到了马永顺，紧紧地握住了他的手，感慨地说："我来东北看到洪水这么大，就想起你。植树造林、保持水土、维护生态平衡太重要了。我们要吸取这次洪水教训，再不能砍树了！"

朱总理亲切地询问了老英雄目前的身体状况和生活情况。当他得知马永顺还完"欠账"没有止步，这些年又率全家人栽了一万多棵树苗时，高兴地说："马老，你这一辈子干了两件好事，50年代你就是劳模，那时国家建设急需木材，你是砍树的模范。当国家需要保护生态环境的时候，你又是栽树英雄。你的事迹值得我们学习！"

马永顺听了朱总理的称赞，心里既感动又不安，急忙说："今年发这么大的洪水，我从未见过。这与山上的树砍得太多有关。前些年我在山上砍的树比别人多，现在看到洪水泛滥，心里很不是滋味。树不能再砍了，实施天然林资源保护工程太有必要了。"

看到老英雄饱经沧桑的面庞，朱总理愉快地回忆说："马老，我看了电视报道，知道1991年'五一'这天，你们全家人上山栽了一千五百棵树苗，终于把'欠账'还上了。"

马永顺见朱镕基总理那么大岁数了，一再称他"马老"，很不好意思。他眼睛盯着朱总理，风趣地说："周恩来总理叫我'小马'……"意思是，希望朱总理也称他"小马"。

可朱总理哈哈地笑了，仍称他"马老"。朱总理望着被洪水淹没的村庄农田说："今年我国南北都发生了特大洪水。造成这一灾害的原因是气候异常，普降暴雨。但是，洪水长期居高不下，造成严重损失，也与森林过度采伐、植被破坏、水土流失、泥沙淤积、泄洪不畅有关。我们党历来重视森林保护和水土保护工作，但为什么还出现过度采伐问题呢？关键就是政策执行得不好。世界上很多地方一直是森林茂盛，水土肥沃，为什么后来成为不毛之地？就是因为木头砍光了，生态发生了变化。这个教训我们要吸取。"

停了停，朱总理又说："国务院去年就决定对长江、黄河上游各省林区实行禁伐，封山育林。对东北林区也要逐步实行减伐、停伐以至禁伐，下决心把砍树人转为种树人，把伐木职工手中的油锯变成种树的锹镐。木材减产以后，完全依靠进口解决。进口木材比国产木材还合算。但是，必须安排好森工企业调整转产分流工作，要发展多种经营，开拓新的生产门路。"

马永顺听到这里想起近几年铁力林业局职工转产分流工作搞得很好，便对朱总理说："我们林业局局长杨国栋同志也来了。"

朱总理说："好啊，请他到前边来。"

杨国栋走到朱总理跟前，朱总理同他握了握手说："林业要由采伐转为种树，林业工人怎么安排是关键，可以发展多种经营等来分流人员，国家还要给一点事业费帮助转产，不能因为转产而降低职工生活水平。但无论如何，职工首先要发扬自力更生的精神。"

杨国栋立即向朱总理表示："铁力林区的资源太少了，我们要认真实施天然林保护工程，从1999年起，我们要把主伐停下来，搞好封山育林。我们要大力发展多种经营，使职工有活干，有饭吃。"

朱总理高兴地说："我支持你干出个样来，这是为子孙后代造福的事，你要说到做到！"接着，朱总理对站在身旁的省委书记徐有芳说："如果我们大家都向马永顺学习，那么将到处都是一片青山绿水。水灾不能彻底清除，但至少危害要小得多。我希望用马老这面旗帜把全国人民都带动起来，搞好封山育林，中国就大有希望。"

徐有芳坚定地说："植树造林，保护水土，维护生态平衡，是确保国民经济持续发展的战略措施。黑龙江省是林业大省，我们有责任、有义务把党中央、国务院的决策落到实处，在这方面带个好头。"

受到朱总理的亲切接见，马永顺心里特别激动。他沿着公路东瞧西看，见一个村子里有一所四合院形状的砖房被洪水泡上了，有人告诉他，那是学校。

马永顺盯住它看了一会儿，长叹一口气说："学校被水淹了，孩子们上学可咋办？"

9月6日，马永顺回铁力，在火车上遇到一位遭受水灾的农民，他愁眉苦脸地对马永顺说："家里不少东西被洪水冲走了，我不心疼，两个孩子不能上学，真让人着急啊！"

马永顺心想：孩子是国家的未来，失学可不行。他和老伴王继荣商量："咱们没受灾，我想向灾区孩子献一点爱心，在学习上帮他们解决一些困难，你说行不？"

王继荣爽快地说："行啊，我支持！"

"那咱们就买些学习用品，赠送给受灾的孩子们吧！"

可是，近几年林区由于森林资源减少，经济发生危困，马永顺当时每月只能拿到 350 多元退休金。因此，在商量用什么钱买、买多少的时候，两人开始沉默了。

马永顺想了想，忽然脸上露出笑容，对王继荣说："把你手里那 1000 元钱拿出来吧。"

原来，1998 年 6 月，马永顺赴俄罗斯参加了全球环保 500 佳颁奖大会回来不久，黑龙江省人民政府授予他一枚特别绿化奖章，同时奖给人民币 1000 元。

马永顺把钱拿回来，乐呵呵地交给王继荣说："特别绿化奖要用在绿化荒山上，你把这钱好好保存起来，干别的不能用。"

现在王继荣听了，不解地问："你不是说要用这钱绿化荒山吗？"

马永顺笑了，说："受水灾的孩子上学有困难，育人比育林更重要！"

于是，王继荣把在第一中学当教师的大儿媳妇孙文阁找了回来，让她到商店买了书包、钢笔、文具盒等适用的学习用品。王继荣用布捆绑在一起，找来针线，缝好了包裹。

把包裹寄到什么地方呢？家里人又动了一番脑筋。马永顺翻开报纸看了一会儿："咱们省受灾最严重的地方，是齐齐哈尔所属嫩江沿线的乡镇。我看把学习用品寄到齐齐哈尔市教委，让他们转交给需要的孩子吧。"

老儿子马春生说："这么做很好。"于是扛起包裹就去了邮局。

领导看望赠"喜帖"

★★★★★

喜帖,顾名思义,是邀请客人的通知,或者是把喜事写在红纸上告知相关的人。然而中共中央政治局常委、全国政协主席李瑞环赠送给林业老英雄马永顺的"喜帖",内容却不一般。

这个喜帖的内容是什么?

1999年6月,马永顺的故乡——天津市宝坻县林业局副局长张金平等三人,代表家乡人民来铁力看望林业老英雄。

谈话中,张金平介绍宝坻出了许多有名望的人。他说:"全国政协主席李瑞环,就是咱们宝坻县人。"

马永顺高兴地说:"好啊,李主席是咱们的老乡!他早年也是全国出了名的劳模。他参与修建人民大会堂，我和工人们采了不少他们需要的红松。以后有机会去首都，我要看看这位老乡。"

机会相隔不到一个月就来了，不是马永顺去看李瑞环，而是李瑞环来看马永顺。对林区一往情深的李瑞环主席，7月4日来伊春林区视察，由于牵挂着林业老英雄，第一站就来看望马永顺。

这天下午3时30分，李瑞环来到位于哈伊公路256公里处的"马永顺林"，看了那一片郁郁葱葱的落叶松林，脸上露出了喜悦的笑容。

在林子旁边，李瑞环拉住马永顺的手亲切地交谈起来。他说："江总书记听说你的事迹后，称赞你很了不起。过去砍树你是功臣，现在种树你又是功臣，全国人民都应该向你学习，把植树造林绿化祖国工作搞好。"

马永顺"嘿嘿嘿"地笑着说："我栽的树苗不多，党和国家给了我这么高的荣誉，我实在太感动了！"

李瑞环大声笑了，又说："听说建国初期你就创造了'安全伐木法'和'四季锉锯法'，你是对林业有特殊贡献的人啊！"

李瑞环主席一再夸马永顺，马永顺有些不好意思，不知说啥好了。他寻思一会儿，眼睛盯着李主席说："今后我领全家人要多造林。去年我们搞了秋季造云杉试点，成活率很高，今年我们继续搞春秋两季造林！"

李瑞环边听边赞许地点头。他来到"马永顺林"纪念碑前，仔细地看了碑文。临行的时候，他对身边陪同的省、市负责人说："马永顺这个典型，一定要宣传好。"

这时，李瑞环身边的一名工作人员拿出一个红纸包往马永顺上衣的小兜里一塞，笑着说："这是李主席给你的'喜帖'！"

李瑞环主席一行乘车走了，当地的一名职工走过来对马永顺说："中央领导登门看你，你真荣幸啊! 你和李主席说没说你们俩是老乡啊? "

马永顺手一摆说："没说，我是名退休工人，哪能和中央领导同志套近乎。"

马永顺说完掏出"喜帖"，打开一看，内有人民币1000元。他不解地自言自语说："李主席为啥给我钱啊? "

站在一旁的林业局的一位同志说："李主席知道林区森林资源减少，经济危困，职工生活比较困难。他给你钱，是向你这位老模范表示慰问。"

马永顺回到家里，把1000元钱交给老伴王继荣说："以前逢年遇节，市里领导和省里领导常来看我，给过我慰问金。可中央领导给我慰问金，还是头一回。你替我好好保管，干别的不能动用，这钱一定要用在保护林区生态环境上。"

马永顺1999年荣获三项大奖：全国"五一"劳动奖章、全国十大绿化标兵、全国老有所为奉献奖。为了回报领导的关怀，马永顺决定用这1000元钱买树苗，办个小苗圃。

➔ 观礼归来办展览

★★★★★

1999 年 10 月 5 日，在铁力林业局家属区林业老英雄马永顺的家里，儿孙欢聚，高朋满座，大家都喜气洋洋地等待马永顺从北京归来。

马永顺 9 月 27 日应中华全国总工会的邀请，赴首都北京参加国庆观礼，昨天打来电话说今天回来。家里人和亲友们听到消息，纷纷赶来迎接，都想听一听老英雄参加庆祝中华人民共和国成立五十周年大典的盛况。

14 点 30 分，马永顺在铁力车站一下火车，就被大伙儿围上了。这个问："江总书记接见你了吗？"那个问："你登没登上天安门城楼？大阅兵一定很好看吧？"

回到家里，马永顺打开手提包，拿出观礼证、请柬、荣誉证书、参观入场券、文艺节目单、庆祝大会简介和在北京拍摄的大小照片，笑呵呵地说："你们好好看看吧，我去北京国庆观礼参加的一些活动，在上面都有记载，可以回答你们提出的问题。"

人们伸出手，都想接过来看。马永顺的小儿子马春生急忙把这些东西接过来说："大家随便拿，容易弄乱。我按爸爸在北京参加活动的先后顺序，把这些东西摆放在桌子上，办个家庭小展览，从头往后看，看不明白让爸爸给讲解。你们看行不？"

马永顺的小孙子马立志挤上前，拉住马春生的手说："办展览好，我先看。"

就这样，马永顺赴京国庆观礼家庭小展览便"开幕"了。

摆在前边的一张彩色大照片，是全国各地赴首都国庆观礼的劳模的集体合影。

没等别人问，马永顺就指着照片说："这次全国总工会一共邀请全国各条战线老中青三代一百名全国劳动模范进京观礼。年纪最大的86岁，就是我。年纪最小的只有27岁。全国林业系统国庆观礼劳模只有我自己。我们一到北京，就受到了中共中央政治局常委、全国总工会主席尉健行的亲切接待。"他往照片的前排一指说："你们看，这就是尉健行接见我们时留下的合影。"接着，他拿起桌上放的一个大红本说："全国总工会颁发给我们每人一本《参加中华人民共和国成立五十周年荣誉证书》。"

大儿子马春山接过证书仔细看了一会儿说："爸爸得到这份荣誉，咱们全家人都光荣！"

人们看了大型文艺晚会《祖国颂》的入场券，热烈交谈起来。他们从电视里，大多看了这台文艺晚会的转播实况，可有人还要马永顺谈谈观看这台晚会的感受。

马永顺笑着说："这台晚会规模可真大，是中宣部、文化部、广电总局、解放军总政治部和北京市政府，为庆祝建国五十周年联合举办的。江泽民等党和国家领导人和首都各界群众一万多人，在人民大会堂观看了这台晚会。这台晚会阵容强大，制作精美，有文化部直属院团、部队文艺团体、地方文艺团体等六十多个单位参加，演员两千一百多名。看了那些欢快、壮观的场面，我心里非常激动，受到了极大的鼓舞。"

摆放在桌子上的一封写着"马永顺收"的信，引起人们的注目。信封下面写着一行鲜红的大字："中华人民共和国国务院。"

打开一看，信里是朱镕基总理发出的请柬，邀请马永顺于9月30日晚6时出席在人民大会堂宴会厅举行的庆祝中华人民共和国成立五十周年招待会，坐席是三区218桌。

这时，儿孙们纷纷要求马永顺讲一讲出席国庆招待会的情景。

马永顺显得异常兴奋，便手舞足蹈地讲了起来："我们观礼劳模刚一走进人民大会堂宴会厅，大会组织者就告诉我们，中央领导同志要来参加国庆招待会，并接见各界来京观礼者，要我们排好队等候。不一会儿，江泽民、李鹏、朱镕基、李瑞环等党和国家领导人向我们走来。我们立即热烈鼓掌，手都拍疼了！江总书记同我握手时，我激动万分地说：'总书记您好！'他微笑着瞧着我，紧紧地握住了我的手。朱总理走过来时，像见了老朋友似的握住我的手笑着说：'造林模范来了，你还要多栽树呀！'我回答：'总理，我一定照办。'李瑞环同志今年5月来铁力看望过我，这次一见面，他就拉住我的手亲切地说：'又见到你了。'接见完了，江总书记等要同我们合影留念。我真幸福，被安排到前排，同党和国家领导人站在一行。"

说到这里，马永顺打开桌上放着的一个长条纸盒，拿出一张近一米的彩色大照片说："你们看，这就是中央领导接见我们时的合影。"

△ 国庆50周年马永顺赴京参加观礼活动

　　马永顺的老伴王继荣接过照片目不转睛地看了一会儿说：“这张照片太珍贵了，咱们可要好好保存。”

　　儿女和亲友们都对马永顺 10 月 1 日参加庆祝建国五十周年大典的盛况感兴趣，拿起老英雄登观礼台的入场券和登天安门城楼的入场券看了又看，问了又问。

　　马永顺高兴地回答：“自从听到邀请我参加庆祝建国五十周年大典的消息，我就天天盼，夜夜想。10月1日9点多钟，我怀着激动的心情登上天安门前面的观礼台第五台。一位工作人员问我：'您老年纪大了，能坚持站两个小时吗？'我说：'我身体好，没问题。'他安排我站在一个靠栏杆处，说：'您站累了，就坐下休息休息。'可是，大阅兵开始，我越看越高兴，站着也没觉得累。看到威武雄壮的陆军、海军、空军以及武装警察部队，浩浩荡荡地通过天安门广场，我高兴得想跳起来。他们那坚定有力的步伐，勇往直前的英姿，展示了我军革命化、现代化、正规化建设的巨大成就，我越看越觉得祖国强大，人民幸福！建国五十年，人民军队也换了新颜，这是祖国繁荣、人民安宁的有力保障啊！"

马永顺说到这里，端起茶杯喝了几口水，忽然放大嗓门说："10月1日晚上，我和大庆的劳模王启民被邀请登上天安门城楼的东平台区，离江总书记、朱总理不远。我能同党和国家领导人坐在一起观看国庆联欢晚会和燃放礼花，真是做梦也想不到的大喜事。我想起在万恶的旧社会，我们林业工人被称为'山狗子'，受尽了欺压。再看看今天发生的天翻地覆的变化，我们工人成了国家的主人，受到党和政府的高度重视，我的眼泪就止不住地流了下来……"

坐在一旁的老儿媳妇孙秀琴见马永顺很激动，便问："爸，10月2日上午，我们在电视里看到，江总书记同你们劳模在劳动人民文化宫里游园了。"

马永顺眼睛一亮，站起来笑道："是啊，那是9点30分，我们正在文化宫里游览，听说江总书记来了，我们急忙大步流星地走过去，有十多名记者围着江总书记照相、摄像，把我们同他隔开了。到不了总书记跟前，我很着急。我忽然想起1957年参加全国政协会，我主动挤过人群和毛主席握过一次手的情景。于是，我两个膀子一晃，便从记者的身边挤了过去，大步走到江总书记跟前，向他伸出了手。江总书记瞧着我一笑，伸出大手和我的手握在一起了。当时由于人多，大多数劳模都没和江总书记握上手。有人风趣地对我说：'你这次来京观礼收获比我们大，多和江总书记握了一次手。'我也开玩笑地说：'我和中央领导人握手有经验，你要学，我可以传给你呀！'一句话，把大伙都逗笑了！"

这时大女儿马春华拿起庆祝建国五十周年成就展《辉煌的历程》入场券，要马永顺详细介绍一下参观这个展览的情况。

马永顺摇摇头说："这个展览我看得不细，也不全，无法说详细。原因是，进了展览馆不久，就有电视台的、报社的好多记者围住我采访，问这问那，有些观众认出了我，拿出笔记本，让我给他们签名。"

"听说咱们省在展览馆也设了展区，你也没看吗？"马春华问。

马永顺急忙说："到了黑龙江展区，我对林业的发展变化看了又看。在场的一位工作人员问我：'您看了展览有啥感想？'我说：'建国五十周年，林区和其他行业一样，也日新月异，生产发展，生活改善了，这是值得高兴的。但是，过去由于重采轻育，森林资源减少，植被受到破坏，目前这个问题还没有从根本上解决，这也令人担忧。'那工作人员又问：'那您说应该怎么办？'我说：'必须贯彻朱镕基总理的指示，搞好天然林保护工程，把砍树人变成种树人，实现青山常在，绿水长流！'"

说到这里，马永顺忽然想起了什么，把墙上挂的日历翻了几页，对儿孙们说："去年咱们搞了秋季造林试点，获得成功，成活率达到90%以上。今年咱们要继续上山搞秋季造林，并要多栽一些树苗。你们要做好准备，10月23日是双休日，都跟我上山造林。怎么样，能做到吗？"

儿孙们都异口同声地回答："我们一定做到！"

坐在马永顺一旁的几位亲友也说："到时候我们也跟你去造林！"

马永顺高兴地哈哈大笑起来，说："好啊，欢迎！欢迎！"

1999年2月，从北京传来消息，中宣部、国家林业局、黑龙江省委等部门，将在2000年2月下旬在人民大会堂举办"马永顺同志先进事迹报告会"，请老英雄登台发言。他的老朋友帮他准备了一篇发言稿。他看了一遍又一遍，想在发言时说得流利一些。可是谁也未曾料到，一向自称身上"零件"没毛病的马永顺，2月10日突发心肌梗塞，匆匆忙忙地走了。

2月24日，在首都召开的"马永顺同志先进事迹报告会"上，国家绿化委员会、人事部、国家林业局追授马永顺"林业英雄"称号，颁发了金质奖章。马春华代表病逝的父亲，从国务院副总理温家宝手里接过证书和奖章。她回到家，把证书和奖章放在马永顺遗像前，哭着说："爸爸，你看到林业英雄证书和金质奖章了吗？你的儿女们一定继承你老人家的遗志，让植树造林的传统在马家代代相传，为建设山川秀美的新林区做出贡献！"

后　记

我们的林业英雄

马永顺既是老模范，又是新英雄。新中国成立初期，他就当上了伐木模范。改革开放以来，他成了育林英雄。他劳动之敬业，时间之长久，创造业绩之突出，取得荣誉之辉煌，在千千万万个英雄中是出类拔萃的。他既是中国林业战线的英雄，也是世界性的造林绿化典范。他的事迹激励着一代又一代人，早在上个世纪50年代就被收入中小学课本中。

多年来，我们怀着对老英雄崇敬的心情，先后撰写了《马永顺传》、《马永顺传奇》、《马永顺和青少年们》等书，为弘扬马永顺精神做了一些工作。其中《马永顺传》在《黑龙江日报》、《黑龙江工人报》、《伊春日报》连载，在社会上产生了很好的反响。

吉林文史出版社为了宣传"双百"人物，邀我们写本小册子，宣传林业英雄马永顺的先进事迹。我们从掌握的素材中，选出有代表性的能反映马永顺特征的事件，进行筛选、整理，写成这篇《马永顺》。由于篇幅有限，许多涉及马永顺生活等领域里的故事没能收入。由于我们水平有限，这本小册子还存在一些缺点和不足，请读后指正。

作　者

2012年3月

/100位

新中国成立以来感动中国人物/

丁晓兵　马万水　马永顺　马恒昌　马海德　中国女排五连冠群体

孔祥瑞　孔繁森　文花枝　方永刚　方红霄　毛岸英

王 杰　王 选　王 瑛　王乐义　王有德　王启民

王进喜　王顺友　邓平寿　邓建军　邓稼先　丛 飞

包起帆　史光柱　史来贺　叶 欣　甘远志　申纪兰

白芳礼　任长霞　刘文学　刘英俊　华罗庚　向秀丽

廷·巴特尔　许振超　达吾提·阿西木　邢燕子　吴大观

吴仁宝　吴天祥　吴金印　吴登云　宋鱼水　张 华

张云泉　张秉贵　张海迪　时传祥　李四光　李春燕

李桂林和陆建芬夫妇　李素芝　李梦桃　李登海　杨利伟

杨怀远　杨根思　苏 宁　谷文昌　邰丽华　邱少云

邱光华　邱娥国　陈景润　麦贤得　孟 泰　孟二冬

林 浩　林巧稚　林秀贞　欧阳海　罗映珍　罗健夫

罗盛教　草原英雄小姐妹　赵梦桃　钟南山　唐山十三农民

容国团　徐 虎　秦文贵　袁隆平　钱学森　常香玉

黄继光　彭加木　焦裕禄　蒋筑英　谢延信　韩素云

窦铁成　赖 宁　雷 锋　谭 彦　谭千秋　谭竹青

樊锦诗

图书在版编目（CIP）数据

马永顺 / 曹锋，吴宝三著. -- 长春：吉林文史出
版社，2012.7（2024.5重印）
（100位新中国成立以来感动中国人物）
ISBN 978-7-5472-1133-5

Ⅰ. ①马… Ⅱ. ①曹… ②吴… Ⅲ. ①马永顺（
1914～2000）－生平事迹－青年读物②马永顺（1914～
2000）－生平事迹－少年读物 Ⅳ. ①K826.3

中国版本图书馆CIP数据核字(2012)第171628号

马永顺

MAYONGSHUN

著/ 曹锋 吴宝三
选题策划/ 王尔立 责任编辑/ 王尔立 李洁华 马华 任玉茗
装帧设计/ 韩璘
出版发行/ 吉林文史出版社
地址/ 长春市福祉大路5788号 邮编/ 130118
电话/ 0431-81629363 传真/ 0431-86037589
印刷/ 天津海德伟业印务有限公司
版次/ 2012年8月第1版 2024年5月第5次印刷
开本/ 640mm×920mm 1/16
印张/ 9 字数/ 100千
书号/ ISBN 978-7-5472-1133-5
定价/ 29.80元